Chicos Chicas

Cuaderno de ejercicios
nivel 3

Nuria Salido García

1.ª edición: 2003
22.ª impresión: 2020

© Edelsa Grupo Didascalia, S.A. Madrid, 2003
Autora: Nuria Salido García.

Dirección y coordinación editorial: Departamento de Edición de Edelsa.
Diseño de cubierta: Departamento de Imagen de Edelsa.
Maquetación y fotocomposición: Francisco Cabrera Vázquez y Susana Ruiz Muñoz.

ISBN: 978-84-7711-793-3
Depósito legal: M-31331-2011
Impreso en España
Printed in Spain

Fuentes, créditos y agradecimientos

Ilustraciones:
Ángeles Peinador Arbiza.

Fotografías:
Archivo y Depto. de Imagen de Edelsa.
Flat Earth.

Notas:

- La editorial Edelsa ha solicitado los permisos de reproducción correspondientes y da las gracias a quienes han prestado su colaboración.
- Cualquier forma de reproducción de esta obra solo puede ser realizada con la autorización de la editorial, salvo excepción prevista por la ley. Diríjase a CEDRO (Centro Español de Derechos Reprográficos, www.cedro.org) si necesita fotocopiar o escanear algún fragmento de esta obra.

Índice

Ámbito 1
- Unidad 1 — Página 4
  - Gramática — Página 4
  - Léxico — Página 9
  - Con & texto — Página 10
  - Inter–acción — Página 11
- Unidad 2 — Página 12
  - Gramática — Página 12
  - Léxico — Página 16
  - Con & texto — Página 17
  - Inter–acción — Página 18

Ámbito 2
- Unidad 3 — Página 19
  - Gramática — Página 19
  - Léxico — Página 22
  - Con & texto — Página 23
  - Inter–acción — Página 24
- Unidad 4 — Página 25
  - Gramática — Página 25
  - Léxico — Página 30
  - Con & texto — Página 31
  - Inter–acción — Página 32

Ámbito 3
- Unidad 5 — Página 33
  - Gramática — Página 33
  - Léxico — Página 37
  - Con & texto — Página 38
  - Inter–acción — Página 40
- Unidad 6 — Página 42
  - Gramática — Página 42
  - Léxico — Página 47
  - Con & texto — Página 48
  - Inter–acción — Página 49

Ámbito 4
- Unidad 7 — Página 50
  - Gramática — Página 50
  - Léxico — Página 54
  - Con & texto — Página 55
  - Inter–acción — Página 56
- Unidad 8 — Página 57
  - Gramática — Página 57
  - Léxico — Página 61
  - Con & texto — Página 62
  - Inter–acción — Página 63

Ámbito 1

Unidad 1
Gramática

Usos de "SER"	Usos de "ESTAR"
1. Describir personas y cosas. María **es morena** / **simpática** / **española** / **estudiante**... La casa **es grande** / **luminosa** / **silenciosa**...	1. Describir el estado físico y emocional de las personas y el estado de las cosas. **Estoy muy cansado**: tengo mucho sueño. Luis **está muy contento**. le han regalado un ordenador. La camiseta **está vieja** pero a mí me gusta.
2. Indicar tiempo. Hoy **es 23** de marzo. **Son las doce** de la noche. **¡Es muy tarde!** Me marcho.	2. Situarnos temporalmente. **Estamos a** finales de mayo.
3. Indicar el lugar en el que ocurre un suceso. El examen **es en el aula** 12.	3. Localizar en el espacio. • ¿**Dónde está** mi mochila? ○ **Está en** tu habitación.

1 Relaciona el uso de los verbos *"ser"* y *"estar"* en estas frases.

a. El 7 de octubre **es** mi cumpleaños.

b. Mónica **está** en la biblioteca, estudiando.

c. ¡Qué preocupada **estoy**! Juan todavía no ha llegado.

d. Yolanda **es** una chica lista: sabe lo que tiene que hacer.

e. La presentación del libro **es** en el salón de actos.

f. Joaquín **está** enfermo, tiene gripe.

g. **Estamos** a lunes y Ana sin llamar.

h. El polideportivo **está** a las afueras de la ciudad.

DESCRIPCIÓN

TIEMPO

LUGAR

2 ¿*"Ser"* o *"estar"*? Selecciona la forma adecuada.

a. ¿Dónde (están / son) mis vaqueros? Encima de la silla.
b. De niña Sofía (estaba / era) rubia y tenía unos ojos verdes preciosos.
c. Estos zapatos me los compré hace un par de meses pero ya (están / son) estropeados.
d. (Estábamos / Éramos) a principios de verano y no hacía mucho calor.
e. Las gafas de sol (están / son) de César: se las ha olvidado.
f. La obra (ha sido / ha estado) en el gimnasio: en nuestro colegio no hay teatro.
g. (Somos / Estamos) muy contentos... ¡por fin nos dan las vacaciones!
h. (Está / Es) invierno y todavía no ha nevado.

notas

"SER" / "ESTAR" con adjetivos				
ADJETIVOS		**SIGNIFICADO**		**SIGNIFICADO**
• LISTO/A	**S E R**	Ser inteligente	**E S T A R**	Estar preparado
• RICO/A		Tener mucho dinero		Tener buen sabor
• MALO/A		Tener mal carácter		Mal sabor, estar enfermo/a
• ABURRIDO/A		No gustar		No divertirse
• ABIERTO/A		Ser tolerante o extrovertido/a		No estar cerrado/a
• CERRADO/A		Ser intolerante o introvertido/a		No estar abierto/a
• VERDE		Ser de color verde		No estar maduro/a
• INTERESADO/A		Ser egoísta		Tener interés
• NEGRO/A		De color negro		Moreno/a

1 Lee estos microdiálogos y relaciona la expresión con su significado.

1.
- Oiga, son las dos: **está cerrado**.
- ¡Vaya! Volveré más tarde.

2.
- No, estos tomates no, **están verdes**.
- ¿Le pongo estos para freír?

3.
- Mi perro **es negro** y muy grande.
- ¿Ah, sí? El mío es pequeño.

4.
- **Estoy muy interesado** en el vespino.
- Sí, la verdad es que es muy bonito.

5.
- Los ojos de Merche **son verdes**.
- ¡Que no! ¡Que son azules!

6.
- Antonio nunca dice lo que piensa o lo que siente.
- Sí, **es muy cerrado**.

7.
- ¡**Estás negra**!
- Sí. Es que he estado un mes de vacaciones en la playa.

8.
- Luis **es muy interesado**.
- Sí, siempre llama cuando necesita algo.

a. De color negro
b. De color verde
c. Morena
d. No está abierto
e. Introvertido
f. Egoísta
g. Tengo interés
h. No están maduros

2 Completa las siguientes frases con el adjetivo correspondiente.

blanca   verdes   aburridos   cerrada   listos   rica   interesados

a. Estoy **malo**, ¡tengo una gripe!
b. Los domingos son muy _____, nunca sé qué hacer.
c. A las ocho tenemos que estar _____ y con las maletas en el coche.
d. Estamos muy _____ en su proyecto.
e. La oficina de Correos está _____ los sábados por la tarde.
f. La familia Gómez es muy _____, tiene negocios en todo el mundo.
g. Estas manzanas todavía están muy _____, no se pueden comer.
h. La nieve es _____, hace daño a la vista.

Gramática

Expresar la opinión

Acuerdo	Desacuerdo
Estoy convencido/a de que + *Indicativo*	**Creo, pienso, opino que no** + *Indicativo*
Creo, pienso, opino que + *Indicativo*	**A mí, me parece que no** + *Indicativo*
Estoy de acuerdo con + *Sustantivo*	**No estoy de acuerdo con** + *Sustantivo*
Es verdad. Es cierto.	**Es falso. No es cierto.**

1 a. Ordena estas frases.

a. pienso / es / muy / que / el / español / fácil.
   Pienso que el español es muy fácil.

b. opinamos / los / que / muy / poco / de / son / chicos / hoy / ecologistas.
   ....

c. a / me / las / son / para / no / que / parece / hamburguesas / perjudiciales / mí / la / salud.
   ....

d. mis / es / peligroso / creen / a / padres / los / que / ir / conciertos.
   ....

e. a / Laura / los / le / que / no / de / vaqueros / parece / están / moda.
   ....

f. piensan / que / sólo / Los / escuchamos / disco / mayores / música.
   ....

b. Di lo contrario, como en el ejemplo.

> **Pienso que el español no es muy fácil.**

2 a. Estos chicos opinan sobre algunos famosos. Relaciona la opinión con el personaje.

a. [3] ¡Es muy guapa!, aunque a mí me gusta más Jennifer López.
b. ☐ Sus construcciones son un poco extrañas pero bonitas.
c. ☐ Canta bien, pero sus canciones son demasiado románticas.
d. ☐ Sus novelas son muy originales.
e. ☐ Es un poco serio, pero sus películas son divertidas.
f. ☐ ¡Es un genio!, ha revolucionado la pintura.

1 Antonio Gaudí, arquitecto
2  Laura Esquivel, escritora
3  Penélope Cruz, actriz
4  Pedro Almodóvar, director de cine
5  Pablo Picasso, pintor
6 Enrique Iglesias, cantante

b. ¿Y tú qué opinas?

Oraciones concesivas

Indican una oposición u obstáculo a lo que expresa la oración principal.

Parece..., sin embargo...	**Parece** muy extrovertido, **sin embargo** es un poco cerrado.
Aunque parece..., en realidad es...	**Aunque** parece muy extrovertido, **en realidad** es un poco cerrado.

1) Transforma las oraciones con "aunque" en oraciones con "sin embargo" y viceversa.

a. Aunque Irene parece antipática, en realidad es sólo un poco tímida.
   Irene parece antipática, sin embargo es sólo un poco tímida.

b. Parezco demasiado ordenado y metódico, sin embargo soy todo lo contrario.

c. Mis primos parecen alemanes, sin embargo son españoles.

d. Aunque Carlos y José parecen muy amigos, en realidad no se llevan muy bien.

e. Aunque Simón siempre llega tarde, en realidad es muy puntual cuando algo le gusta.

2) a. ¿Qué parece? ¿Qué es? Observa y construye frases utilizando "aunque" y "sin embargo".

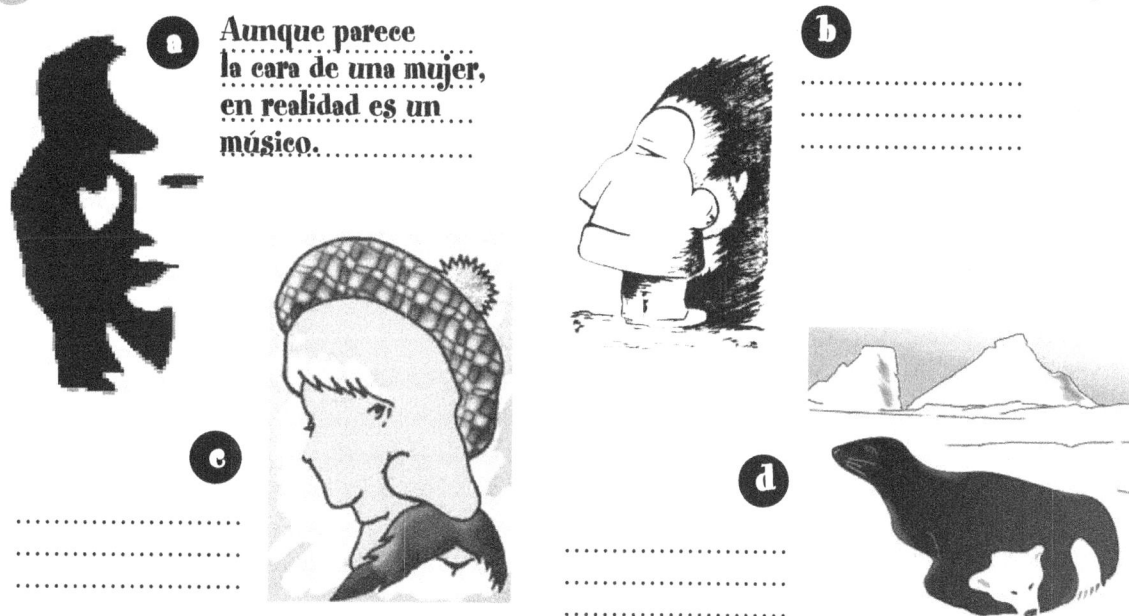

a. Aunque parece la cara de una mujer, en realidad es un músico.

b. ...

c. ...

d. ...

b. Intercambia el cuaderno con tu compañero/a. ¿Habéis visto lo mismo?

Expresar sentimientos
Me pone + *adjetivo* + *sustantivo singular*
Me pone + *adjetivo* + *Infinitivo*
Me ponen + *adjetivo* + *sustantivo plural*
Se comportan igual: darme, interesarme, preocuparme, molestarme, divertirme y alegrarme.

Me pone alegre una flor... Me ponen alegre las flores... ¡¡Me pone alegre ver flores!!

1 a. Observa:

Para hablar de sentimientos utilizamos **poner** con *adjetivos* y **dar** con *sustantivos*.

b. Clasifica estas palabras según el verbo con el que se pueden usar.

miedo   respeto   triste   pena
romántico/a
pánico   furioso/a   nervioso/a
tristeza   alegre
terror   contento/a

ME PONE/-N   **ME DA/-N**

romántico/a

c. Escribe una frase con cada expresión.

2 ¿Singular o plural? Completa la terminación del verbo cuando sea necesario.

a. ¿Te interesa**n** las ciencias naturales?
b. Nos molesta___ los coches.
c. ¿Os divierte___ bailar?
d. Me da___ miedo los cambios climáticos del planeta.
e. Les pone___ nerviosos el examen.
f. Me preocupa___ el futuro de la humanidad.
g. ¿Te molesta___ la música?
h. A mí, me da___ pena la situación en África.

Unidad 1
Léxico

1 ¿Cuáles son tus características personales? Indícalas.

- ☐ Amable
- ☐ Sincero/a
- ☐ Imaginativo/a
- ☐ Prudente
- ☐ Divertido/a
- ☐ Impaciente
- ☐ Seguro/a
- ☐ Responsable

- ☐ Alegre
- ☐ Curioso/a
- ☐ Indeciso/a
- ☐ Dependiente
- ☐ Activo/a
- ☐ Sensible
- ☐ Intuitivo/a
- ☐ Solidario/a

- ☐ Extrovertido/a
- ☐ Irresponsable
- ☐ Sociable
- ☐ Introvertido/a
- ☐ Rebelde
- ☐ Comunicativo/a
- ☐ Tolerante
- ☐ Inteligente

2 Lee el siguiente texto y elige a un(a) amigo(a) teniendo en cuenta tus características personales. Explica por qué eliges a esa persona.

Estoy en un país mágico: aquí todo es perfecto, sólo que no tengo amigos para compartir. Decidí visitar al Mago Mayor para resolver mi problema. Este movió su varita mágica y me dijo: "Vas a tener un amigo pero tienes que llevarte bien porque si te enfadas con él nunca más tendrás otro amigo. Elige a alguien parecido a ti: este es mi consejo."

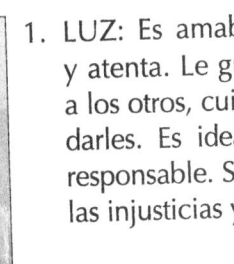

1. LUZ: Es amable, sensible y atenta. Le gusta enseñar a los otros, cuidarles y ayudarles. Es idealista y muy responsable. Se rebela ante las injusticias y es solidaria.

2. CÉSAR: Es estudioso, curioso y reservado. Medita y observa para comprender lo que le rodea. Es reflexivo y teórico: investiga y analiza las cosas.

3. ESTRELLA: Es sociable y comunicativa: disfruta en compañía de sus amigos. Le gusta organizar, dirigir y planificar. Es enérgica, segura y optimista.

4. LEONARDO: Es sincero, activo y práctico. Le gusta la naturaleza y el deporte. Se le dan bien las actividades concretas como manipular máquinas y herramientas.

5. MAR: Tiene mucha imaginación y expresa sus ideas y sus sentimientos escribiendo, pintando, componiendo... Es intuitiva, sensible y un poco tímida.

6. NICOLÁS: Es práctico y ordenado. Prefiere respetar las normas y las costumbres: no es rebelde. Es muy prudente y realista: te puede dar buenos consejos.

Ámbito 1

Unidad 1
Con & Texto

1 Observa esta botella. Para ti, ¿está medio llena o medio vacía?

2 Lee esta página web.

---

edelsa.es

BUEN HUMOR... ¿PARA QUÉ?

Ver la botella medio llena o medio vacía no es simplemente una frase hecha, también indica una actitud ante la vida, una manera de ver las cosas.

Si vemos la botella medio llena, eso significa que nos tomamos las cosas con optimismo y buen humor. Esto nos permite distanciarnos de los problemas y, al verlos desde fuera, afrontarlos mejor.

Si vemos la botella medio vacía, es decir, si nos fijamos en lo que no tenemos, estamos demostrando una posición negativa ante la vida.

Los humanos somos los únicos seres vivos que nacemos con la capacidad de reír. Reírse de los errores cometidos por uno mismo ayuda a no frustrarse y a ser más tolerantes con nosotros mismos. Además, el buen humor es contagioso: las relaciones personales se reforzarán al mejorar la comunicación. En definitiva, el buen humor es un instrumento más que podemos utilizar para afrontar situaciones difíciles. Por cierto, también se aprende... ¡sólo es cuestión de practicar!

Sabías que...
Cuando nos reímos nuestro cuerpo se revoluciona:
- Cambia la respiración y los pulmones mueven el doble de aire y dan más oxígeno a la sangre.
- Se acelera el ritmo del corazón y se normaliza la presión sanguínea, como cuando haces deporte.
- Aumenta la adrenalina y quemas más calorías.
- Se generan endorfinas, sustancias naturales que nos hacen sentir mejor.

Risoterapia
Reírse es bueno, ya lo sabían los antiguos. Ahora, se está demostrando científicamente que beneficia a nuestra salud: de esto se ocupa la risoterapia, una nueva ciencia.

Adaptado de www.fueradeclase.com

---

3 Localiza en el texto la información relacionada con la frase "ver la botella medio llena o medio vacía".

Si ves la botella medio llena,...

Si ves la botella medio vacía,...

4 Según el texto, el ser humano es el único ser vivo que tiene la capacidad de reírse. ¿Qué otras capacidades crees que son propias sólo del ser humano?

notas

Ámbito 1

Unidad 1
Inter-acción

1 Haz esta encuesta a tu compañero/a y viceversa.

1. ¿Cómo te informas de lo que pasa en el mundo?
   a. Leyendo revistas y / o periódicos.
   b. Conectándote a Internet.
   c. Viendo la televisión.
   d. Escuchando la radio.
2. ¿Cuánto tiempo le dedicas a informarte?
   a. Menos de una hora al día.
   b. Entre una y dos horas al día.
   c. Más de dos horas.
3. ¿Cómo son las noticias que lees, ves o escuchas?
   a. Nacionales.
   b. Internacionales.
   c. De cultura.
   d. De sociedad.
   e. Otras.
4. Cuando navegas por la Red… ¿Qué tipo de información buscas?

2 **a. Lee las siguientes noticias.**

NOTICIAS INSÓLITAS

Noticias Locas
(GRAN BRETAÑA) Devuelven un libro a una biblioteca después de cincuenta y tres años.

Mundo deportivo
(BÉLGICA) Un bar pone una televisión en el baño para ver la Eurocopa.

Terra
(SUIZA) Desfile de moda para invidentes en Zurich. Los asistentes pueden tocar la ropa e imaginar el diseño.

El Correo
(TURQUÍA) ¡Sin complejos! Concurso de la nariz más larga, organizado por la televisión local de Rize.

El Mundo
(ESPAÑA) Primer periódico de noticias positivas. Informa sobre las organizaciones, los proyectos y las iniciativas para un mundo más justo.

Noticias locas
(NUEVA ZELANDA) Dos compañías de Nueva Zelanda resuelven un juicio de 112.000 euros jugando a las cartas.

b. ¿Qué opinas de estos temas?

Los medios de comunicación: cómo son, la visión que ofrecen de la realidad.

Una sociedad más justa para todos: los discapacitados.

La adicción a la televisión: fútbol sí / fútbol no.

Sentido cívico: servicios públicos, comportamiento adecuado hacia los demás.

Los complejos, los cánones de belleza.

¿Hablando se entiende la gente? ¿Cómo resolver nuestras diferencias?

c. Inventa tres noticias locas y redáctalas.

Ámbito 1
Unidad 2
Gramática

Interrogativos				
Me gustaría... Quiero...	+	saber... preguntarle...	+	qué cómo dónde cuándo quién(es) cuánto/a/os/as si	*Me gustaría saber cómo te llamas.* *Quiero preguntarle dónde vive.* *Me gustaría preguntarle cuántos*

1 Javier acaba de conocer a una chica. ¿Qué quiere saber de ella? Transforma las preguntas.

¿Cómo te llamas? 1. **Javier quiere saber cómo se llama.**
¿Dónde vives? 2. ___
¿Qué estudias? 3. ___
¿Cómo eres? 4. ___
¿Cuándo es tu cumpleaños? 5. ___
¿Cuál es tu horóscopo? 6. ___
¿Te gusta viajar? 7. ___
¿Sales con alguien? 8. ___
¿Cuándo quedamos? 9. ___

2 a. Estas son dos pequeñas biografías. Léelas.

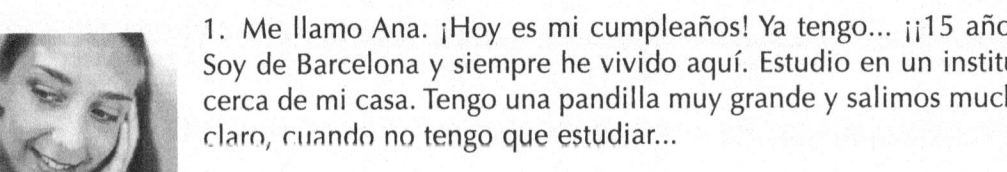

1. Me llamo Ana. ¡Hoy es mi cumpleaños! Ya tengo... ¡¡15 años!! Soy de Barcelona y siempre he vivido aquí. Estudio en un instituto cerca de mi casa. Tengo una pandilla muy grande y salimos mucho, claro, cuando no tengo que estudiar...

2. Me llamo Andrés. Soy de Córdoba, en Argentina, pero ahora vivo en Brasil, con mi familia: a mi padre le dieron un buen trabajo acá. Tengo una hermana y dos hermanos. ¡Ah! También tengo un perro, Pinki. Extraño mucho a mis amigos de allá, pero vuelvo en vacaciones a mi ciudad...

b. Formula preguntas en tu cuaderno.

Me gustaría saber cómo es su pandilla.

notas

El Condicional simple

			Verbos irregulares		
Yo		-ía	Tener	tendr-	
Tú		-ías	Venir	vendr-	-ía
Él/ella/Usted	Infinitivo +	-ía	Poner	pondr-	-ías
Nosotros/as		-íamos	Salir	saldr-	-ía
Vosotros/as		-íais	Decir	dir-	-íamos
Ellos/as/Ustedes		-ían	Saber	sabr-	-íais
			Querer	querr-	-ían
			Haber	habr-	
			Hacer	har-	

1 Relaciona.

a. querrías
b. vendrían
c. saldríamos
d. pondría
e. valdríamos
f. valdría
g. tendrían
h. podríamos
i. saldrías
j. sabríais
k. vendríamos
l. cabrían

1. - Yo
2. - Tú
3. - Él/ella/Ud.
4. - Nosotros/as
5. - Vosotros/as
6. - Ellos/as/Uds.

m. habríamos
n. podrían
ñ. cabríais
o. diría
p. sabrías
q. haríais
r. tendría
s. harían
t. querrían
u. habría
v. pondríais
x. diríamos

2 Completa las series con los verbos propuestos.

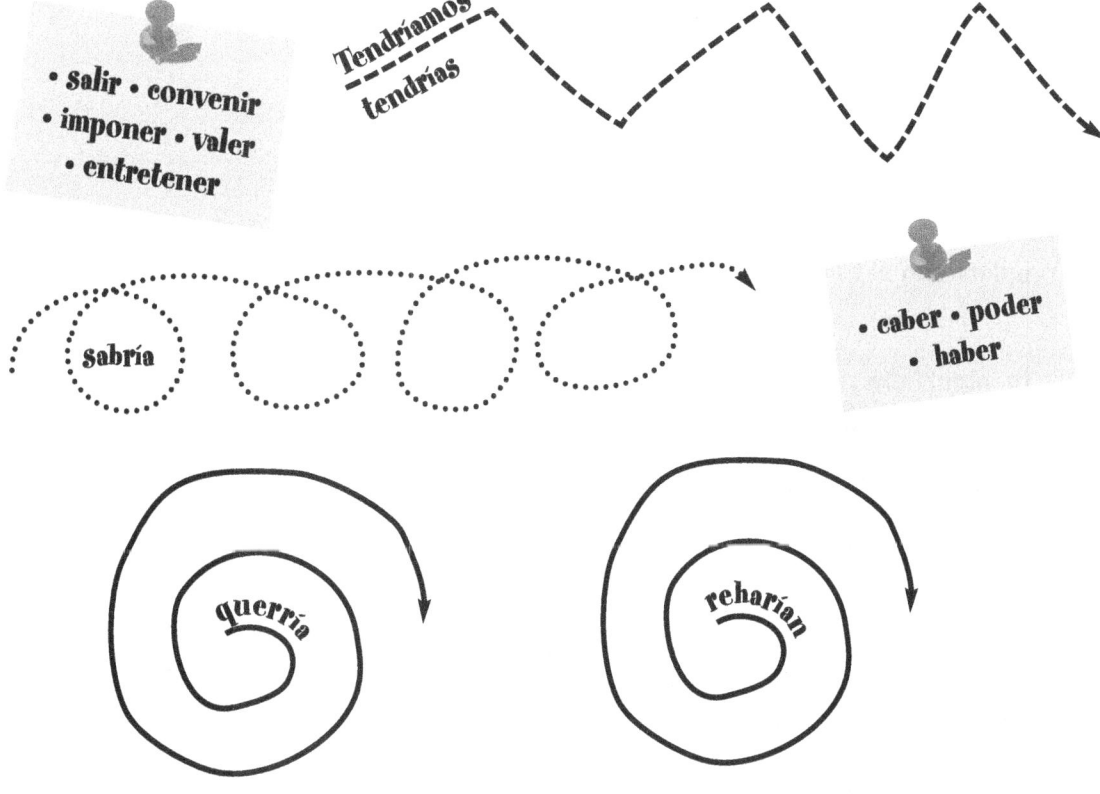

Gramática

13

3 a. ¿Con quién harías estas cosas? Relaciona y formula la frase en tu cuaderno.

Vería un partido con mis padres. Les encanta el deporte.

a. Con mis padres

b. Con mi mejor amigo/a

c. Con el / la chico/a que me gusta

1. Ver un partido.
2. Ir a la bolera.
3. Salir a solas.
4. Salir a dar un paseo.
5. Pedir dinero prestado.
6. Preguntarle quién le gusta.
7. Pasar unas vacaciones en la playa.
8. Acompañarle a hacer la compra.
9. Acampar en la montaña un fin de semana.
10. Bailar en una disco.
11. Estudiar para un examen.
12. Pedir unas zapatillas nuevas.

b. Piensa en el / la chico/a que te gusta. ¿Qué harías para conquistarlo/a? ¿Dónde irías? ¿Qué le dirías?

 Lo Primero...

4 Completa con el Condicional simple.

a. ¿__Te importaría__ (importarte) poner la música más baja?
b. _____ (comprarme, yo) un ordenador con más memoria.
c. ¿_____ (poder, ustedes) bajar la voz? Estamos en un hospital.
d. ¿Qué _____ (hacer, tú) si te llaman los amigos para salir y tienes que estudiar?
e. _____ (estar) todo el día con vosotros, pero me tengo que ir.
f. _____ (tener) que hablar con Luis y decirle que no estamos de acuerdo.
g. _____ (deber, vosotros) sacar al perro a pasear de vez en cuando, ¿no?
h. ¿_____ (poder) repetirme su apellido, por favor?
i. ¿Os _____ (gustar) ir al Parque de Atracciones?

notas

Usos del Condicional simple	
1. Pedir y dar consejos.	¿Tú qué le dirías **en mi lugar**? **Yo que hi...**
2. Pedir algo a alguien de forma educada.	¿**Podría**(s) / **Le (te) importaría** hablar más despacio?
3. Expresar deseos difíciles de realizar.	**Nos gustaría / Nos encantaría / Querríamos** tener más tiempo libre.

1 Estos chicos tienen algunos problemas escolares. ¿Qué les aconsejarías? Utiliza "yo que tú" y "yo en tu lugar".

1. **Yo, en tu lugar, estudiaría letras.**

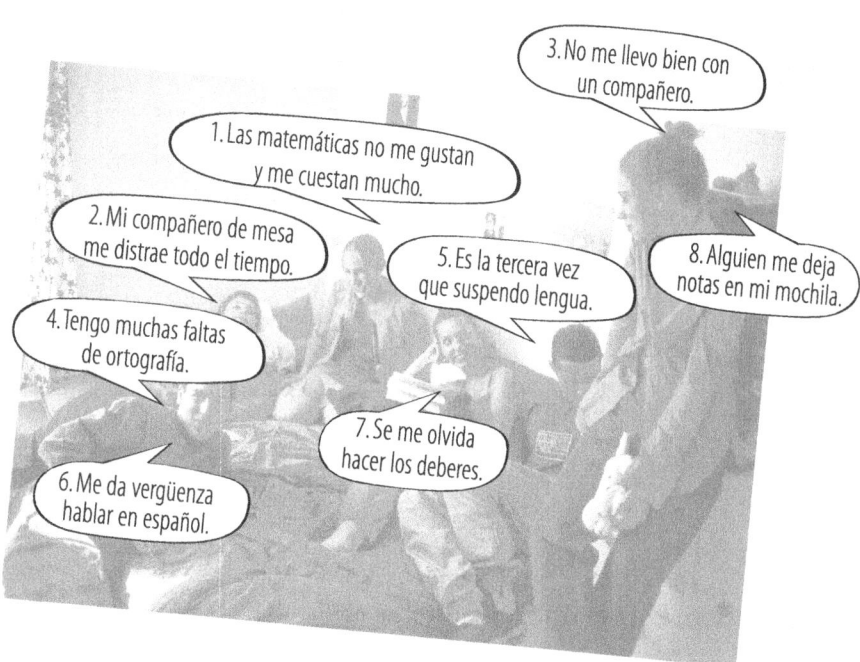

1. Las matemáticas no me gustan y me cuestan mucho.
2. Mi compañero de mesa me distrae todo el tiempo.
3. No me llevo bien con un compañero.
4. Tengo muchas faltas de ortografía.
5. Es la tercera vez que suspendo lengua.
6. Me da vergüenza hablar en español.
7. Se me olvida hacer los deberes.
8. Alguien me deja notas en mi mochila.

2 Estás en clase. ¿Qué dirías ante estas situaciones? Responde con una pregunta.

1. Un chico de tu clase te empuja. **¿Te importaría no empujarme?**
2. Los chicos de atrás no paran de hablar.
3. Le pides un diccionario a una compañera.
4. No has comprendido una explicación.
5. Quieres ir a nadar con una chica de clase.
6. No tienes los apuntes porque faltaste.

Callarse • Prestar
Repetir • Venir

3 a. ¿Tienes sueños? Escribe al menos tres usando el Condicional simple.

> Me gustaría dar la vuelta al mundo, me encantaría estar un año sin ir al instituto y querría conocer a alguien famoso...

b. ¿Qué harías si se cumplen?

> Visitaría muchos lugares exóticos, comería de todo, haría muchas fotos...

Gramática

Ámbito 1
Unidad 2
Léxico

1 a. Observa estas ilustraciones y localiza los instrumentos.

armónica, piano, batería, guitarra eléctrica, flauta, violín, acordeón, trompeta, teclado, saxofón, platillos, maracas, trombón, guitarra clásica, bongos, violonchelo

b. Clasifica los instrumentos.

VIENTO — flauta

CUERDA

PERCUSIÓN

c. ¿Qué instrumentos se utilizan en estos estilos de música? Escribe al menos dos en tu cuaderno.

Techno   Música étnica   Disco   Rock   Flamenco

Salsa   Pop   Tango   Reggae   Jazz

2 a. ¿Sabes de música? Relaciona el estilo con la definición.

a. *Techno*
b. *Pop*
c. *Rock*
d. *Hip-hop*
e. *Disco*
f. *House*

1. Es un género donde el ritmo predomina sobre la melodía. Se hizo popular en los años 70.
2. Música popular ligera. Actualmente, es un importante fenómeno de comunicación de masas en todo el mundo.
3. Variante de la música pop. Nace en los años 70 y 80. Utiliza instrumentos musicales electrónicos, sobre todo sintetizadores.
4. Padre del *rap*. Su origen en urbano: nace en la calle. Los *graffiti* y el *break* están muy relacionados con él.
5. Género bailable, de ritmo lento. El bajo es el instrumento que predomina. A veces hay voces y / o melodías cantadas.
6. Diversos estilos musicales ligeros derivados en mayor o menor medida del "rock and roll".

b. ¿Conoces más estilos? Descríbelos.

Solución: a-3; b-2; c-6; d-4; e-1; f-5.

16   Léxico

Ámbito 1

Unidad 2
Con & Texto

1 ¿Alguna vez has participado en algún concurso? ¿Has ganado algún premio?

2 Lee este texto.

LA ENTREVISTA MÁS RICA

Tomeu Martí y Virginia González, vencedores el 17 de abril del II Congreso Nacional de Jóvenes Cocineros (Segovia).

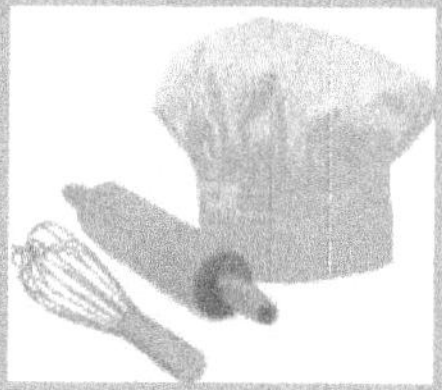

Nombre: Virginia González Carbonell.
Edad: 18 años.
Más: combina sus estudios de Cocina en la UIB con el trabajo en el restaurante de su familia.
Proyecto: montar un restaurante y dirigir la sala.

Nombre: Tomeu Martí Lafuente.
Edad: 22 años.
Más: estudia Cocina en la UIB y realiza prácticas en el restaurante *Trainera* para completar sus estudios.
Proyecto: llegar a ser un gran chef en un restaurante importante.

P: ¿Por qué os seleccionaron a vosotros para representar a las Islas Baleares en este concurso?
E: Nuestros profesores decidieron que nosotros éramos buenos representantes para este concurso. Aunque vamos a clases diferentes, ya nos conocíamos.
P: Sería interesante saber en qué consiste el concurso.
E: Pues hay que presentar dos platos: un segundo y un postre. Tienes 4 horas para prepararlo todo, eso sí, compartiendo cocina con tres equipos y los jurados y... ¡estás muy nervioso!
P: ¿Satisfechos?
E: Sí. Lo mejor de la experiencia es el ambiente entre los concursantes. Haces buenos amigos y compartes no sólo la cocina, sino también intereses, sueños... Además, todo el mundo te apoya. La gente que te conoce y te felicita, eso sí que es una satisfacción.
P: ¿Algún mensaje para vuestros compañeros y para otras escuelas?
E. Tienes que estar convencido de que con tus ideas puedes llegar a ser un buen cocinero o... ¡cualquier otra cosa!

Adaptado de www.afuegolento.com

3 ¿Qué quiere saber el periodista?

El periodista quiere saber por qué...

4 Identifica en el texto los párrafos donde se menciona...

   a. Lo más satisfactorio de participar en el concurso.
   b. El motivo de ser seleccionados como representantes.
   c. La recomendación de los ganadores a otros chicos que estudian Cocina.
   d. La dinámica del concurso.

Ámbito 1

Unidad 2
Inter-acción

1 Imagínate que estás en estas situaciones. ¿Qué harías? Prepara por escrito tus reacciones.

a. La próxima semana tienes un examen y no has estudiado mucho.
b. Tus padres no te dejan ir al concierto de tu cantante favorito.
c. Tu mejor amigo/a está enamorado/a de la / el chica/o que te gusta.
d. No encuentras tu móvil o las llaves de casa.
e. Ganas un viaje para dos personas al Caribe.
f. No tienes bastante dinero para comprarte el último CD de tu cantante favorito.
g. Te han llamado tus amigos para salir pero tienes que cuidar a tu hermano.

2 Piensa en situaciones difíciles, divertidas... que te han ocurrido. Anótalas y pregúntale a tu compañero qué haría en tu lugar. Después, compara su reacción con la tuya.

UNA SITUACIÓN DIFÍCIL.

UNA SITUACIÓN DIVERTIDA.

UNA SITUACIÓN EXTRAÑA.

UNA SITUACIÓN DONDE HAS SENTIDO VERGÜENZA.

UNA SITUACIÓN DONDE HAS PASADO MIEDO.

Inter-acción

notas

Unidad 3
Gramática

Pronombres relativos		
Persona y cosa	(antecedente) + *preposición*	el/la/los/las que... el/la cual – los/las cuales
sólo persona	(antecedente) + *preposición*	quien - quienes

1 a. Relaciona. ¡Atención! Algunos verbos pueden ir con varias expresiones.

- a. quedar
- b. pasárselo bien
- c. enterarse
- d. salir
- e. cuidar
- f. pasar

1. en un lugar
2. a alguien
3. con alguien
4. por un lugar
5. de algo

b. Completa los siguientes microdiálogos con el pronombre relativo adecuado y el artículo y la preposición, si es necesario.

1. • ¿Has visto a Jorge?
   ○ ¿El chico **con el que** salió María el año pasado?
2. • ¿Qué tal Barcelona?
   ○ ¿Barcelona? Pues es una ciudad _____ te lo pasas muy bien.
3. • Los chicos _____ he quedado son muy simpáticos.
   ○ ¿Y cuándo me los presentas?
4. • Montevideo es una ciudad _____ tienes que pasar.
   ○ Sí, tengo muchas ganas de ir.
5. • ¿Podrías decirme _____ estás haciendo?
   ○ Pues... nada. Llamando a Miguel.
6. • La señora _____ le cuidé el niño estaba muy contenta conmigo.
   ○ Entonces... ¿te volverá a llamar?
7. • ¿Y el instituto? ¿Qué tal?
   ○ Bueno, lo de siempre, pero las clases _____ nos da la profesora de español... ¡super divertidas!

2 Transforma las siguientes oraciones con el pronombre relativo "que". Después, sustitúyelo por "quien" o "quienes", si es posible.

a. Quería ir al concierto. El Ayuntamiento organiza un concierto en primavera.
   Quería ir al concierto que organiza el Ayuntamiento. / El Ayuntamiento organiza un concierto al que quería ir.
b. Voy a ir con unos amigos. Los amigos ya tienen entradas.
   _____
c. Van a actuar cantantes. Los cantantes me gustan mucho.
   _____
d. Hay un cantante. Me identifico con un cantante.
   _____
e. Canta canciones. Las canciones son muy bonitas.
   _____

Gramática   19

Oraciones condicionales con efectos futuros
Si + *Presente, Futuro*
Futuro + **si** + *Presente*

Si no estudio, me quedaré sin vacaciones.

1 a. ¿Conoces el cuento de *La Lechera*? Léelo y completa.

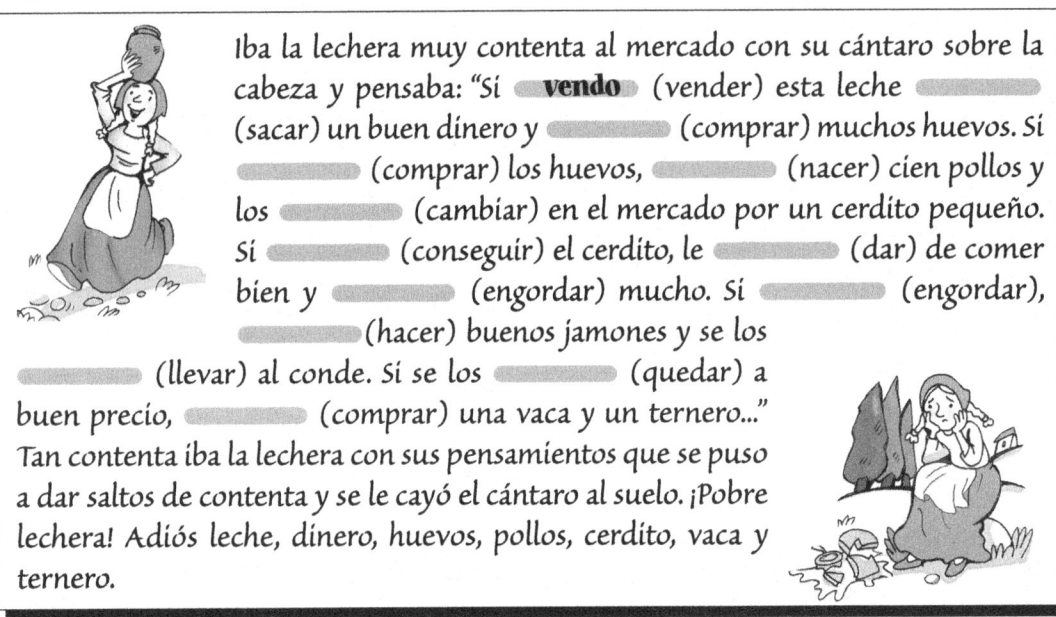

Iba la lechera muy contenta al mercado con su cántaro sobre la cabeza y pensaba: "Si **vendo** (vender) esta leche _____ (sacar) un buen dinero y _____ (comprar) muchos huevos. Si _____ (comprar) los huevos, _____ (nacer) cien pollos y los _____ (cambiar) en el mercado por un cerdito pequeño. Si _____ (conseguir) el cerdito, le _____ (dar) de comer bien y _____ (engordar) mucho. Si _____ (engordar), _____ (hacer) buenos jamones y se los _____ (llevar) al conde. Si se los _____ (quedar) a buen precio, _____ (comprar) una vaca y un ternero..."
Tan contenta iba la lechera con sus pensamientos que se puso a dar saltos de contenta y se le cayó el cántaro al suelo. ¡Pobre lechera! Adiós leche, dinero, huevos, pollos, cerdito, vaca y ternero.

b. Sigue la cadena para cada historia en tu cuaderno. Después, invéntate un final donde la cadena se rompa, como en el cuento de *La Lechera*.

Si saco buenas notas, me comprarán un ordenador...

1. Sacar buenas notas – comprar un ordenador – poder *chatear* – conocer a chico/a de otro país – invitar a visitarme...

3. Olvidárseme las llaves – llamar a María – quedar con ella – decirle que me gusta...

2. Ser más extrovertida – tener más amigos – salir más – conocer a más gente...

4. Irse mis padres el fin de semana – hacer una fiesta – Invitar a mucha gente – poner música y bailar...

c. Elige dos historias y dale la vuelta a las frases.

Me comprarán un ordenador nuevo, si saco buenas notas...

notas

Hacer recomendaciones	
Expresar necesidad y obligación	
Hay que **Es necesario / importante** **Se debe(n)**	+ *Infinitivo*
Presentar una solución como posible	
Es conveniente **Está bien** **Se puede(n)**	+ *Infinitivo*

Es necesario recoger.

1 a. ¿Tienes ordenador? ¿Sabes dónde y cómo hay que colocarlo? ¿Conoces la postura que es conveniente adoptar? Lee estas indicaciones y relaciona.

a. LUGAR

b. DISPOSICIÓN

c. ILUMINACIÓN

d. POSTURA

1. Colocar la mesa perpendicular a la ventana.
2. Elegir un sitio sin mucho ruido.
3. Utilizar filtros delante de la pantalla.
4. Tener espacio suficiente para moverse y sentarse correctamente.
5. No poner cosas encima de la mesa, sobre todo líquidos.
6. Tener luz general para toda la habitación.
7. Situar el monitor delante de la persona o ligeramente girado a 45 o 55 cm de distancia.
8. Usar una silla cómoda y no muy alta, con respaldo.

b. Escribe un texto en tu cuaderno haciendo recomendaciones.

Para trabajar bien con el ordenador hay que...
La luz también es muy importante...
Finalmente, y si no quieres que te duela todo el cuerpo, hay que...

2 ¿"Se puede" o "se pueden"? ¿"Se debe" o "se deben"? Completa la terminación, si es necesario.

a. Se puede **n** hacer campañas de sensibilización.
b. Se debe ___ usar medios de locomoción no contaminantes.
c. Se debe ___ separar la basura en papel, envases y vidrio.
d. Se puede ___ participar en acciones como voluntario.
e. Se debe ___ cuidar los espacios verdes.
f. Se puede ___ plantar flores, arbustos y árboles.
g. Se puede ___ colaborar con alguna ONG.

Gramática

Ámbito 2
Unidad 3
Léxico

1 Observa este mapa y localiza los siguientes accidentes geográficos.

- un río
- una montaña
- un lago
- un estrecho
- una isla
- un océano
- una cordillera
- una bahía
- un mar
- un volcán
- un archipiélago
- una península

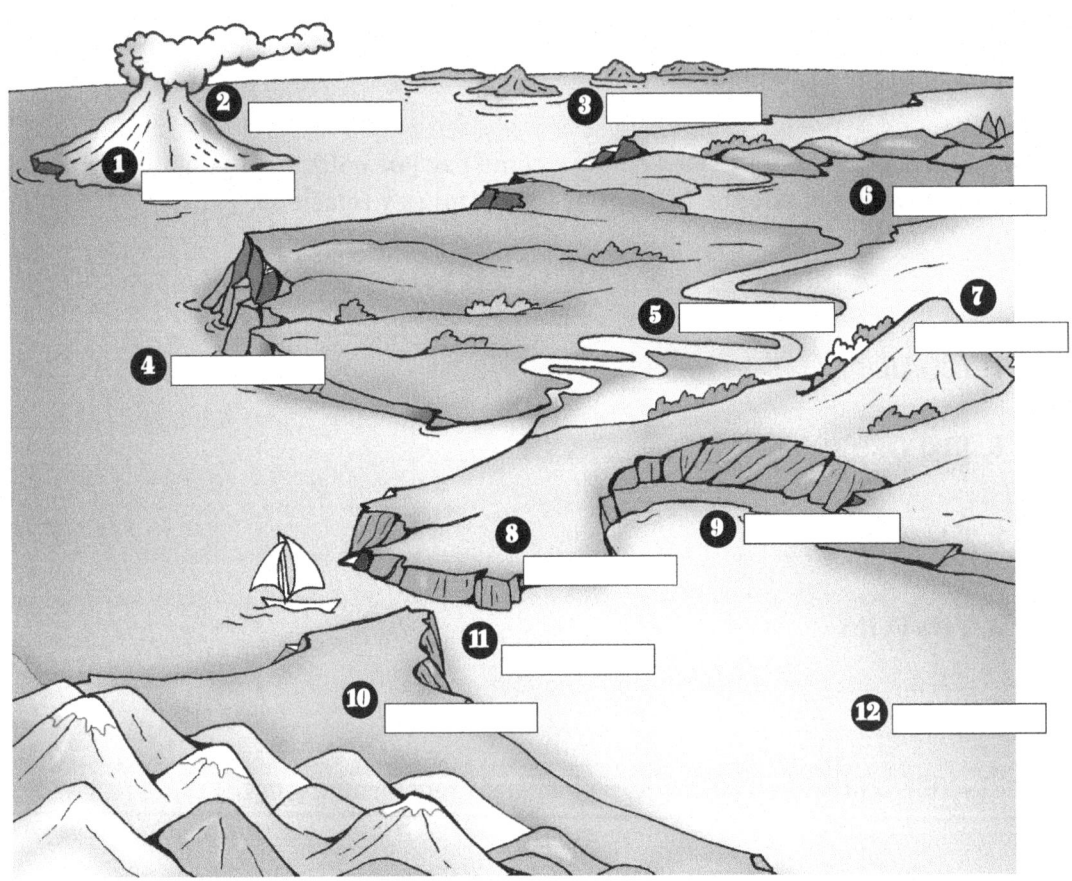

2 a. Relaciona estos paisajes con la palabra correspondiente y descríbelos.

selva   playa   montaña

bosque   desierto   estepa

Petén

Jají

Paraguaná

Cahuita

Gran

Los Andes

b. ¿Qué emociones te despiertan estos paisajes? Escribe al menos tres palabras por foto.

Léxico

Ámbito 2
Unidad 3
Con & Texto

1 Imagina qué hará un/a chico/a en los preparativos de un viaje.

Si es muy friolero, siempre llevará su cazadora vaquera en la maleta.

Si es friolero/a   Si es aventurero/a   Si es miedoso/a
Si es pudoroso/a   Si es caprichoso/a   Si es miope

2 Ahora, lee esta guía.

VIAJERO PREVENIDO... ¡VALE POR DOS!

Antes de emprender un viaje, y para evitar sorpresas desagradables, es conveniente tomar una serie de medidas de acuerdo con tu personalidad. Te damos algunos consejos útiles.

• **Si eres pudoroso**

Es importante meter un bañador en la maleta. Hay albergues juveniles con duchas comunes, así que, si eres particularmente tímido... ¡ya sabes!

• **Si eres friolero**

Consulta al hombre del tiempo, aunque eso no basta. Si con un pequeño cambio de temperatura se te pone la carne de gallina... ¡no te vendrá mal un jersey! ¿Te imaginas conocer a un/-a chico/-a y echarte a temblar? Hay que cuidar la imagen.

• **Si eres aventurero**

Y no te quieres perder... ¡tendrás que saber por dónde andas! Es necesario llevar un buen mapa. Quizás descubres un rincón pintoresco, un monumento histórico o... ¡una buena pastelería! Y si estas en plena naturaleza, lo mejor es pisar sobre seguro.

• **Si eres caprichoso**

Es mejor llevar un maleta más grande, eso sí, ¡sin exagerar! Así, si compras algo, que tú siempre compras, podrás meterlo en la maleta y no ir tan cargado. Si no, ya sabes, te tocará meter las compras en una bolsa de plástico... ¡y se romperá el asa!

• **Si eres miedoso**

Y te despiertas por la noche para ir al baño en un sitio que no controlas, te dará seguridad tener una linterna a mano. Además, tus compañeros de habitación te lo agradecerán, eso sí... ¡si no están por ahí de fiesta!

• **Si eres miope**

Tendrás que llevarte tus gafas o lentillas a todas partes ¡sin complejos! Pero, como ya se sabe que en los viajes pasa de todo no está mal llevar repuesto. ¿Te imaginas si te encuentras con el / la chico/a de tu vida y no lo ves?

Adaptado de www.fueradeclase.com

3 En el texto aparecen algunas expresiones. Relaciónalas con su definición.

a. Ponerse la carne de gallina.   1. Tener miedo, reaccionar ante el frío.
b. Echarse a temblar.   2. Controlar.
c. Pisar sobre seguro.   3. Divertirse.
d. Estar de fiesta.   4. Cambio de piel por efecto del frío.

Ámbito 2
Unidad 3
Inter-acción

1 ¿Sabes lo que es un *Parque Temático*? ¿Hay alguno en tu país? ¿Has ido alguna vez?

2 a. Estos son dos Parques Temáticos. Elige uno para visitarlo y justifica tu elección por escrito.

VEN A LA ISLA MÁGICA
Si te gusta la aventura, lucharás contra los piratas del Caribe, te enfrentarás al terrible Jaguar, descenderás las cataratas del Iguazú... ¿Te atreves?
Aviso a los intrépidos:
- No pierdas tu entrada. Te permite disfrutar de todas las atracciones.
- Si sales y entras, deberás informar al personal: te darán tu identificación.
- Antes de embarcarte consigue una *Guía del Explorador*, ¡hay que estar prevenido!
- Si tienes perro,... ¡se tendrá que quedar con el vecino de enfrente! Sólo se admiten perros guía.

¡Al abordaje!
- Recorre la isla... ¡es una tarea de supervivencia! Ponte ropa y calzado cómodos.
- Si eres "blanquito",... deberás usar crema solar.
- Hay espectáculos superdivertidos, ¡mejor llegar de los primeros!

¿Quieres saber más? Visita www.islamagica.es

OCEANOGRÁFICO DE VALENCIA
Si quieres encontrar un mar de sensaciones aquí te sumergirás a más de 1.000 m de profundidad y vivirás un verdadero viaje submarino en un lugar único. ¡Respira hondo!
Viaje submarino
- En *Océano* atraviesa sus aguas por un túnel de 30 metros.
- Si tienes frío,... ¡tendrás que abrigarte! En *Antártico* estarás con pingüinos, leones marinos y focas... ¡a 80º bajo cero!
- Recorramos *Mar Rojo* entre corales y... ¡tiburones! Menos mal que los buzos los tienen bien alimentados.
- Si quieres conocer la cuna de nuestra civilización, ¡pondrás rumbo a *Mediterráneo* y verás siete fabulosos acuarios!

Prepárate para escuchar el canto de los delfines, tocar la piel del tiburón, observar a las curiosas criaturas de las profundidades, sumergirte en un paraíso sorprendente.

¿Quieres saber más? Visita www.cac.es/oceanografic/index.php?idioma=e

b. Discute con los compañeros qué parque es más interesante.

3 Imagina que vas a un Parque Temático. Elabora una guía de recomendaciones en tu cuaderno. Después, compárala con la de tu compañero.

1. Hay que ir un sábado: así el domingo se puede descansar.
2. Es conveniente...

Unidad 4
Gramática

El pronombre "LO"		
Lo que +	más / menos sí / no verdaderamente	+ *verbo conjugado*
Lo +	más / menos verdaderamente	+ *adjetivo*

¡Lo que más me gusta del mar son las olas grandes!

1 Completa con "lo" o "lo que" y después relaciona los microdiálogos.

1. **Lo** más divertido de la película fue el final.
2. _____ más me gustó de tu cumpleaños fue la tarta.
3. _____ realmente bonito de este país es la naturaleza.
4. A Alberto le han regalado un ordenador con muchos videojuegos.
5. ¿Sabes que Juan y Beatriz están saliendo?

a. Pues a mí, la música.
b. ¡_____ menos nos podíamos imaginar! Si se llevaban fatal.
c. ¡Ni que lo digas! No podía dejar de reír.
d. Sí, es verdad. Hay muchos Parques Nacionales protegidos.
e. ¡Justo _____ le hace falta! Si ya no estudia...

2 Piensa en tu relación con estas personas y responde a estas preguntas.

Relación con tus padres:
- ¿Qué es lo que más te molesta?
  Lo que más me molesta...
- ¿Qué es lo realmente importante?

- ¿Qué es lo que no te dejan hacer?

Relación con tu mejor amigo/a:
- ¿Qué es lo más divertido?

- ¿Qué es lo que de verdad compartís?

- ¿Qué es lo que os hace discutir?

Relación con el / la chico/a que te gusta:
- ¿Qué es lo que verdaderamente te gusta?

- ¿Qué es lo que te molesta un poco?

- ¿Qué es lo que harías con él / ella si salís?

Los adjetivos indefinidos

	+	-
Personas	alguien	nadie
Personas y cosas	algún / alguno / algunos alguna / algunas	ningún / ninguno / ninguna
Cosas y acciones	algo	nada

¡Atención! **Alguno** y **ninguno** seguidos de sustantivo pierden la –**o**.
- ¿Tienes **algún** libro de aventuras?
- No, no tengo **ninguno.**

1 **a. Responde a las siguientes preguntas utilizando "alguien", "algún / alguno(s) / alguna(s)", "algo" (+) o "nadie", "ningún / ninguno(a)", "nada" (-).**

a. ¿Has estado alguna vez en China?
   Sí, sí, he estado alguna vez. (+)

b. ¿Conocéis algún país de habla hispana?
   _____ (-)

c. ¿Te gustan las películas de terror?
   _____ (-)

d. ¿No has conocido a nadie este fin de semana?
   _____ (+)

e. ¿Tenéis amigos en otros países?
   _____ (-)

f. ¿Recibisteis algún regalo en Navidad?
   _____ (+)

g. ¿Tienes algo de dinero para prestarme?
   _____ (-)

h. ¿Has visto alguna vez a alguien famoso?
   _____ (-)

b. ¿Y tú? Responde a las preguntas anteriores en tu cuaderno.

2 **Las siguientes frases se refieren a personas y a cosas. Complétalas con un indefinido.**

a. **Algunas** personas creen que es importante conocer otros países.
b. ¿Nos puedes prestar _____ diccionario bilingüe?
c. ¿A _____ le interesa lo que pienso yo?
d. Sueñan con ir _____ día a Las Antillas.
e. No hay _____ niño en el mundo sin ganas de jugar.
f. ¿_____ de vosotros quiere acompañarme? Me voy al cine.
g. ¿Ha llegado ya _____ invitado?
h. El otro día me compré _____ vídeos de música.

Los pasados		
Indefinido	**Pluscuamperfecto**	**Imperfecto**
Se usa para hablar de acciones pasadas.	Se usa para indicar la anterioridad de una acción respecto a otra.	Se usa para describir en el pasado.
El lunes **fui** al dentista pero cuando llamé...	no **había llegado** nadie...	mi cita **era** el miércoles.

1 Completa la tabla.

Infinitivo	Participio		Pluscuamperfecto	Indefinido	Imperfecto
	abierto	(Tú)		abriste	
ver		(Vosotros/as)		visteis	
	dicho	(Yo)	había dicho		
poner		(Usted, él, ella)			ponía
ser	sido	(Nosotros/as)			
pensar		(Ustedes, ellos/as)		pensaron	
		(Yo)			escribía
	venido	(Vosotros/as)	habíais venido		
hacer		(Tú)			hacías
ir	ido	(Usted, él, ella)			
	estado	(Vosotros/as)	habíais estado		
volver		(Ustedes, ellos/as)			volvían

2 Forma frases según el modelo.

a. Despertarme / Juan salir **Cuando me desperté, Juan ya había salido.**
b. Llegar ellos a la estación / los tíos subir al tren
c. Encontrarte a Luis / él dejar a Ana en casa
d. Yo ir al cibercafé / cerrar
e. Vosotros ver a César / él hablar conmigo
f. Tú venir a buscarme / yo irme a clase

3 Completa esta anécdota con Indefinido, Imperfecto o Pluscuamperfecto.

Cuando María me **contó** (contar) que no _____ (ir) a celebrar su cumpleaños yo ya lo _____ (planear) todo: sería una fiesta sorpresa. _____ (llamar) por teléfono a Marina, su hermana gemela y le _____ (pedir) las llaves. La excusa: me _____ (olvidar) por la tarde el móvil en casa de María. Marina _____ (ser) un poco antipática, pero como yo _____ (ser) el mejor amigo de María, no _____ (tener) otra alternativa. Yo _____ (hacer) la copia de las llaves, me _____ (encargar) de llamar a los amigos, de comprarle la tarta... _____ (ser) ya las 21:00 y María todavía no _____ (llegar). _____ (estar) impaciente. Todos _____ (esperar) con las luces apagadas cuando se _____ (abrir) la puerta, _____ (entrar) en el salón y... ¡nos _____ (poner) a cantarle el cumpleaños feliz! Sólo _____ (haber) un pequeño problema... ¡la que _____ (abrir) la puerta no _____ (ser) María, sino Marina!

Gramática

Estilo directo	Estilo indirecto
PRESENTE Viene a cenar Sofía.	**Me dijo que** + IMPERFECTO **Me dijo que venía** a cenar Sofía.
PERFECTO / INDEFINIDO Ha llamado Lola / llamó Lola.	**Me dijo que** + PLUSCUAMPERFECTO **Me dijo que había llamado** Lola.
FUTURO Estudiaré Medicina.	**Me dijo que** + CONDICIONAL **Me dijo que estudiaría** Medicina.
¡Atención! Cuando transmitimos una pregunta en estilo indirecto después de **que** reproducimos el interrogativo. Si la pregunta no tiene interrogativo, después de **que** introducimos **si** para indicar que estamos transmitiendo una pregunta.	
¿Cómo te llamas? ¿Dónde vives? ¿Estudias o trabajas?	**Me preguntó que cómo** me llamaba, **que dónde** vivía y **si** estudiaba o trabajaba.

¿Sabías que Colón dijo que la tierra era redonda?

1 a. Ayer te encontraste con Daniel, un compañero de clase, y luego con Irene, una amiga. Lee lo que te han contado y subraya los verbos.

DANIEL:

Este fin de semana <u>he conocido</u> a una chica ¡estupenda!, Irene. Me ha invitado a su cumpleaños y quiero hacerle un regalo muy especial, ¿me ayudas? Es que en la fiesta... ¡le pediré salir!

IRENE:

¡Qué pesado! Ya me ha llamado cinco veces y, claro, al final le he invitado a mi cumpleaños... pero haré todo lo posible para mantenerle a distancia. ¡Ah! Se llama Daniel... ¡Qué pesado, de verdad!

b. Cuéntale hoy a tus amigos lo que te dijeron Daniel e Irene ayer.

Primero, me encontré con Daniel y me dijo que ....
....
....
....
....

Después, me llamó Irene por teléfono y... ¿a que no sabes? Pues me contó que ....
....
....
....
....

2 ¿Has participado alguna vez en un foro? Estas son algunas preguntas de uno. Completa el cuadro.

	Estilo directo	Estilo indirecto
a.	• ¿Cuáles son vuestros libros favoritos? *(Álex)* ○ **Me gustan Harry Potter y algunos de Navegante-Fantasía.** *(Tania)*	• **Álex preguntó que cuáles eran vuestros libros favoritos.** ○ Tania respondió que le gustaban Harry Potter y algunos de Navegante-Fantasía.
b.	• ¿Quién representará a España en Eurovisión? *(Santi)* ○	• .... ○ Susi respondió que sería alguien de Operación Triunfo.
c.	• ¿Confiáis en los amigos de Internet? *(Kike)* ○	• .... ○ Sara respondió que le escribía porque se fiaba.
d.	• ¿Cómo elegiste tu nick? *(Juanvi)* ○	• .... ○ Peque dijo que se lo pusieron sus amigos, que era un mote.
e.	• ¿Dónde pasarás las vacaciones? *(Lu)* ○	• .... ○ Txema respondió que iría a una isla desierta, que si se apuntaba.

Ámbito 2

Unidad 4
Léxico

1 a. Estás consultando un plano: estos son los símbolos principales. Relaciona la palabra con el símbolo.

- museo, galería
- estación de trenes
- iglesia, catedral
- playa
- castillo
- camping
- estación de metro

- Parque de Atracciones
- edificio histórico
- reserva natural, zoo
- parque, jardín
- mercado
- autobús
- hospital

- información
- café
- aeropuerto
- restaurante
- barco
- teléfono

b. Clasifica el vocabulario.

Transportes	Lugares turísticos	Ocio	Servicios	Otros

2 Estas son algunas excursiones que propone www.*viajajoven.com*. ¿Qué crees que hay?

Deportes náuticos en Valencia

Cataratas de Iguazú

Barcelona y Gaudí

Ámbito 2

Unidad 4
Con & Texto

1 ¿Cuál es la mejor forma de aprender un idioma? Ordena por orden de preferencia.

Estudiar mucha gramática.
Charlar con los compañeros.
Entrar en contacto con chicos/as nativos/as.

Viajar al extranjero.
Escribir, leer, escuchar cintas...
Intercambiar conversación con algún/-a chico/a nativo/a.

2 Lee lo que cuentan estos chicos de su experiencia.

Aprender una nueva lengua es una experiencia única y muy enriquecedora. La mejor manera es, sin lugar a dudas, viajando a otro país: además de practicar el idioma entras en contacto con costumbres y formas de vida a las que te irás adaptando y, ¿por qué no?, te terminarán gustando.
Cada vez más adolescentes en el mundo deciden marcharse fuera. Aquí van algunas experiencias. Disfrútalas.

Yuki. Japón

Me llamo Yuki y soy japonesa. Llegué a Madrid hace nueve meses. Antes de venir ya había estudiado un poco de español en mi país y me gustaba mucho. Durante mis primeros días no era capaz ni de preguntar cómo se llegaba a una calle. Además, era la primera vez que estaba en una residencia de estudiantes y compartía habitación con otras chicas. Todo era muy diferente: la comida, los horarios, la forma de tratarse con la gente... ¡podría contar muchas historias de mi vida aquí, pero tardaría días!
Con el tiempo me he ido acostumbrando. Ahora, no sólo hablo mucho mejor español, también conozco otra cultura y... ¡he aprendido otras cosas, además de la gramática y el vocabulario!

Revisado por su profesora de español, Mónica Sánchez

Paolo. Italia

Yo quería estudiar en el extranjero porque creo que es la mejor forma de mejorar mi español y conocer la cultura de otro país. Mis padres se ocuparon de buscarme una escuela con muchas actividades divertidas y una familia. Además de hablar todo el tiempo español en los dos meses que llevo aquí, he hecho muchos amigos... ¡¡¡y amigas!!! No me ha costado mucho adaptarme. Bueno, lo único difícil es no comer pasta, que se cena tardísimo y... ¡seguirle el ritmo a los españoles!
Ya estoy pensando en el próximo año... ¡quiero volver!

Revisado por su profesor de español, Jaime García

3 Completa estas fichas.

Yuki	Paolo
Motivo de su viaje:	Motivo de su viaje:
Alojamiento:	Alojamiento:
Tiempo en España:	Tiempo en España:
Cosas positivas:	Cosas positivas:
Dificultades:	Dificultades:

Ámbito 2
unidad 4
Inter-acción

1 **La entrevista indiscreta**
   a. **Responde a estas preguntas por escrito.**

1. ¿Quién es el / la compañero/a más simpático/a de tu clase? ¿Y el / la más antipático/a? Motiva tu respuesta.

2. ¿Cuál es el profesor que te cae peor? ¿Y el que te cae mejor? ¿Por qué?

3. ¿Has hecho novillos* alguna vez?

4. ¿Cómo es tu chico/a ideal? ¿Está en clase?

5. Conoces a un/-a chico/a en un *chat*, te gusta, pero te envía su foto y ¡es feísimo/a! ¿Qué haces?

6. Imagina que suspendes todo. ¿Qué harías? ¿Cómo se lo dirías a tus padres? ¿Qué piensas que pasaría?

7. ¿Cuál ha sido la última mentira que has contado? ¿A quién?

* "Hacer novillos" significa no ir a clase sin que tus padres lo sepan.

   b. **Piensa en tres preguntas más y anótalas.**

8.
9.
10.

   c. **Hazle la entrevista a tu compañero.**

2 **Chismes de clase**
   a. **Imagina que ha pasado un día desde la actividad de la entrevista indiscreta. Escribe en un papel lo que te contó tu compañero/a.**

> Ayer, le pregunté a X que... y X me respondió que...

   b. **Selecciona a otro compañero/a y cuéntaselo.**

   c. **Ahora, lo ponemos en común pero no digas el nombre.**

Ámbito 3

Unidad 5
Gramática

Hablar de la utilidad		
Palabra Singular	+ sirve para / se usa para	+ Infinitivo
Palabra Plural	+ sirven para / se usan para	

— Y esto, ¿para qué sirve?
— Es un "microfocus teledirigido", lo último en espionaje.

1 ¿"Sirve" o "sirven"? ¿"Se usa" o "se usan"? Completa con el verbo que prefieras y la palabra adecuada.

recipiente   instrumento   pieza

1. El termómetro es un **instrumento** que _____ para medir la temperatura.

2. • ¿Qué es un destornillador?
   ° Es un _____ que _____ para apretar tornillos.
   • ¿Y qué son los tornillos?
   ° Los tornillos son unas _____ que _____ para unir partes de algo.

3. Los satélites son _____ que _____ para estudiar los cambios de la atmósfera de la Tierra.

4. La paellera es un _____ que _____ para... ¡cocinar la paella!

2 a. Relaciona cada foto con una palabra.

BOL
CESTA
PERCHAS
BOTES
ESCURRIDOR
CAJAS

b. ¿Para qué sirven estos objetos?

Una caja es un recipiente que sirve para guardar objetos.

Gramática   33

notas

> Se reciben todos los trimestres, se esconden hasta después de las vacaciones.
>
> Las notas.

Hablar de la utilidad
Palabra en singular + **se** + *verbo en 3ª singular*
Palabra en plural + **se** + *verbo en 3ª plural*

1 a. Construye frases impersonales sobre estos objetos.

El *discman* se usa para escuchar música y no molestar a los demás.

DISCMAN
usar para...
llevar a...
enchufar a...

GAFAS DE SOL
utilizar para...
guardarse en...
ponerse en...

AGENDA ELECTRÓNICA
conectar con / a...
utilizar para...
apagar...

FLORES
regalar a...
regalar en...
comprar en...

b. Piensa en tres objetos y escribe frases impersonales. Después, intercambia el cuaderno con tu compañero y adivina sus objetos.

2 a. Completa las siguientes frases con la preposición, el pronombre relativo "el que" o "la que" y el verbo.

subir a   medir con   escuchar algo con   bailar en

charlar en   ver por   necesitar algo para   cocinar algo con

a. La televisión es un aparato **por el que se ven** imágenes.
b. El barómetro es un instrumento _____ la presión de la atmósfera.
c. Los videojuegos son juegos electrónicos _____ un ordenador.
d. La olla a presión es un recipiente _____ más rápido.
e. La discoteca es un lugar _____ .
f. Los *chats* son lugares virtuales _____ con otras personas.
g. Los casquitos son aparatos _____ música.
h. El monopatín es un objeto _____ .

b. Forma frases en tu cuaderno con estas palabras:

el cohete   los esquís   los diccionarios

la cámara digital   el CD ROM   el ordenador

Gramática

Presente de Subjuntivo

-AR -a->-e	-ER -e->-a	IR -e/i->-a
HABLAR	**COMER**	**VIVIR**
hable	coma	viva
hables	comas	vivas
hable	coma	viva
hablemos	comamos	vivamos
habléis	comáis	viváis
hablen	coman	vivan

Algunos verbos irregulares:
DAR: dé, des, dé, demos, deis, den.
ESTAR: esté, estés, esté, estemos, estéis, estén.
IR: vaya, vayas, vaya, vayamos, vayáis, vayan.
SABER: sepa, sepas, sepa, sepamos, sepáis, sepan.
SER: sea, seas, sea, seamos, seáis, sean.
TENER: tenga, tengas, tenga, tengamos, tengáis, tengan.

1 Completa con el Infinitivo, el Presente de Indicativo y el Presente de Subjuntivo de los verbos.

a. cantar > cantas > **cantes**
b. ▬▬ > suspendemos > ▬▬
c. bailar > ▬▬ > bailéis
d. partir > parten > ▬▬
e. ▬▬ > meto > ▬▬
f. ▬▬ > imagina > ▬▬
g. beber > ▬▬ > bebamos
h. ▬▬ > existo > ▬▬
i. enseñar > enseña > ▬▬
j. ▬▬ > ▬▬ > describan
k. ▬▬ > leéis > ▬▬
l. felicitar > felicitan > ▬▬
m. ▬▬ > sube > ▬▬
n. ▬▬ > ▬▬ > escondamos
ñ. insistir > insisto > ▬▬
o. ▬▬ > fabricáis > ▬▬
p. deber > ▬▬ > debas
q. ▬▬ > inventan > ▬▬
r. ▬▬ > ▬▬ > imprimas
s. ▬▬ > crea > ▬▬
t. permitir > permitís > ▬▬
u. ▬▬ > ▬▬ > vendas

2 ¿Presente de Indicativo o Presente de Subjuntivo? Señala con (I) el Presente de Indicativo y con (S) el Presente de Subjuntivo.

S trabaje
prometéis
insistan
ceden
estudiamos
descubramos
corre
charles
unas

montáis
rompáis
discuten
combates
dejes
sorprendamos
interesa
respondáis
escriban

Gramática

35

Expresar la opinión con Indicativo o con Subjuntivo

Creo / Pienso + **que** + *Indicativo*
No creo / No pienso + **que** + *Subjuntivo*

Creo que es un buen regalo.
Pues yo no creo que le guste.

1 Ordena estas frases.

1. de inglés / Creo / un control / la profesora / va a poner / que
   Creo que la profesora de inglés va a poner un control.

2. que / grave / No / sea / muy / piensan / un problema / la contaminación
   _____

3. nuestros padres / demasiado / Pensamos / nos controlan / que
   _____

4. a la fiesta / No / venga / de Quique / que / Susana / creo
   _____

5. ha contado / que / una mentira? / ¿Creéis / nos / Ana
   _____

6. que / No / guapa / Penélope Cruz / la actriz / más / pensamos / sea / hispana
   _____

2 Completa los siguientes microdiálogos con los verbos correspondientes en Indicativo o Subjuntivo.

ser   cantar   venir   estar   funcionar   ser   caer

1. • ¡Mira qué chico tan guapo!
   ◦ ¡Pues yo no creo que _____ ninguna maravilla!

2. • ¿Qué piensas de Marta?
   ◦ Pienso que últimamente _____ un poco antipática, ¿no?

3. • ¿Pensáis que "Los Secretos" _____ un buen grupo?
   ◦ Bueno... ¡A mí me encantan!
   • Pues yo no creo que _____ tan bien.

4. • No te pongas nervioso. No creo que María _____ a la fiesta de Sandra.
   ◦ ¿No? ¿Y si la llamo?
   • No creo que eso _____ tampoco. No le cae bien Sandra.
   ◦ Pues yo no pienso que a Sandra le _____ tan mal Marta.
   • ¿No? Pues yo creo que sí. Fíjate cómo la mira.

3 Estas son algunas opiniones sobre los jóvenes. Di lo contrario.

1. Yo pienso que los jóvenes pasan demasiadas horas delante del ordenador.
   Pues yo no pienso...

2. Creemos que los jóvenes están poco informados sobre la actualidad.
   _____

3. Yo creo que los jóvenes de hoy dan poca importancia a valores como la amistad, la solidaridad...
   _____

4. Yo pienso que actualmente los jóvenes consumen demasiado.
   _____

5. Creo que los chicos de hoy tienen pocas aspiraciones.
   _____

Gramática

Ámbito 3

Unidad 5
Léxico

1 a. ¿Sabes qué tiene un ordenador? Relaciona la palabra con la definición.

a. monitor
b. teclado
c. altavoces
d. impresora
e. web cam
f. CD
g. ratón
h. escáner
i. disquete
j. grabadora
k. CPU

1. Se usa para ver a la persona con la que te estás comunicando.
2. Sirve para guardar toda la información. Tiene disco duro.
3. Sirve para grabar todo tipo de información: música, imágenes, ficheros.
4. Se usan para grabar mucha información y música. Se pueden abrir en otros equipos.
5. Sirve para ver todo lo que hay en el ordenador. Ahora los hacen también extraplanos.
6. Se usa para darle órdenes a los programas y pinchar los botones que aparecen en pantalla.
7. Sirve para guardar información y suele ser negro. Se puede abrir en otros equipos.
8. Sirve para escribir.
9. Se usa para reproducir documentos en papel.
10. Se usan para escuchar la música y los sonidos del ordenador.
11. Sirve para "escanear" documentos e imágenes.

b. Localiza el vocabulario en la ilustración.

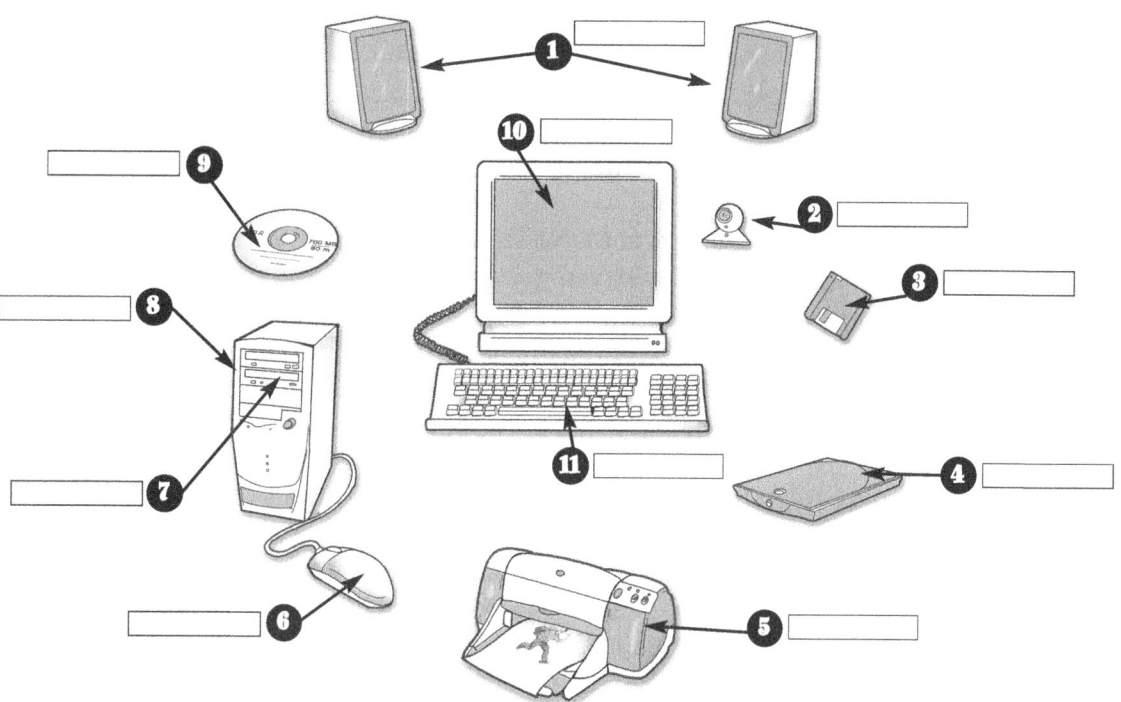

2 Estos son algunos iconos que aparecen en tu pantalla de ordenador. ¿Sabes cómo se llaman en español? Relaciona.

contraseña
correo
dispositivos de juego
escáner
módem
ratón
multimedia

Léxico

Ámbito 3
Unidad 5
Con & Texto

1 ¿Conoces juegos de mesa? Escríbelos.

2 Selecciona dos juegos de mesa. Describe cómo son (forma, tamaño, materiales) y cómo se juegan.

3 ¿Conoces el Dominó y el Juego de la Oca? Lee esta página web.

¡HAGAN JUEGO!

Desde los tiempos más remotos el hombre ha buscado cómo entretenerse y ocupar sus ratos de ocio mediante los juegos.

- Se piensa que el juego más antiguo es el *Ur*. No se sabe muy bien cómo se jugaba, algunos creen que es el antecesor del *Backgammon* o quizás del *Semel*, juego del antiguo Egipto.
- Otro juego con mucha historia es el *Dominó*: ya se practicaba en el 2450 antes de Cristo. En el museo de Bagdad hay piezas de hueso que se encontraron en Ur y que, al parecer, pertenecen a un antecesor directo del *Dominó*. Sin embargo, en otros estudios se indica que este juego es originario de la China antigua. Sea como sea, a Europa llegó en el siglo XVIII.
  Las fichas se llaman "dominós". Parece que se denominaban así por el parecido con una túnica blanca con capucha negra del mismo nombre que se utilizaba como disfraz. El juego tiene 28 fichas rectangulares y planas. Cada una está dividida en dos partes y lleva una combinación de puntos en cada una de sus mitades, en orden descendiente y en todas sus combinaciones, desde el doble seis hasta el cero-cero.
- El *Juego de la Oca* también es antiguo. Se originó en Grecia y se extendió por Europa occidental en los siglos XVI y XVII.
  En este juego de mesa cada jugador avanza con su ficha por un tablero en espiral de 63 casillas. Se avanza tirando un dado. Hay diferentes tipos de casillas. Cuando se cae en una de las casillas en las que aparece una oca, entonces se avanza hasta la próxima *oca* y se realiza otra jugada. En el camino el jugador también puede encontrar... ¡algunos obstáculos!: *en la posada* (casilla 19) el jugador se queda un turno sin jugar; en *el pozo* (casilla 31), no se puede jugar hasta que no pase otro jugador; en *el laberinto* (casilla 42) se retrocede hasta el 30; en *la cárcel* (casilla 56) el jugador se queda dos turnos sin jugar y en la casilla 58, *la calavera*, se vuelve a la salida, ¡mala suerte! El jugador que llega antes a la casilla 63, *el jardín de la oca*, gana el juego. Esto en las versiones tradicionales, pues hay muchas variantes del *Juego de la Oca*.

Adaptado de www.educar.org/inventos/juegos.asp

④ ¿A qué juego corresponden? ¿Al *Dominó* o al *Juego de la Oca*?

⑤ ¿A qué juego se refieren estas afirmaciones?

	Dominó	Juego de la Oca
a. *Se extendió por Europa entre el s. XVI y el XVII.*		
b. *Se empieza a jugar en Europa en el s. XVIII.*		
c. *Está formado por 28 fichas.*		
d. *Consiste en un tablero de 63 casillas.*		
e. *No se sabe muy bien dónde se originó.*		
f. *Se inventó en Grecia.*		

⑥ a. En el *Juego de la Oca* hay diferentes casillas. Relaciona la ilustración con el número de la casilla.

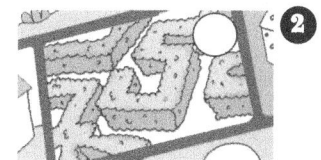
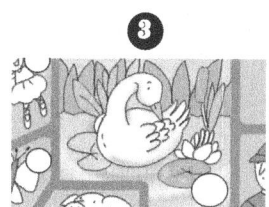

casilla 19
casilla 31
casilla 42
casilla 56
casilla 58
casilla 63

b. ¿Qué le sucede al jugador que cae en estas casillas?

Si el jugador cae en *el pozo* (casilla 31), se queda en la casilla hasta que pase otro jugador.

Ámbito 3
unidad 5
Inter-acción

1 a. Describe estos objetos: forma, tamaño, materiales...

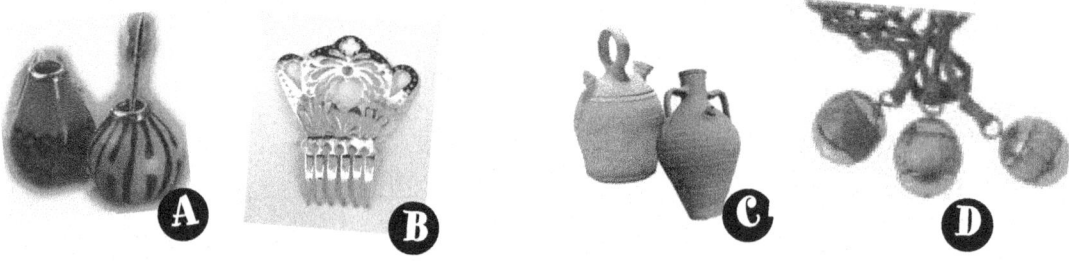

A B C D

b. ¿Para qué crees que sirven estos objetos? Di cuáles piensas que son sus funciones.

> Yo creo que sirve para...
> No pienso que se use para, sino para...

c. Lee estos textos y relaciónalos con los objetos anteriores. ¿Habías adivinado?

1

El botijo es un recipiente normalmente de barro que sirve para conservar fresca el agua. Su forma es redondeada. Tiene dos orificios: uno se usa para meter el agua y el otro, terminado en punta, sirve para beber. También está dotado de un asa, indispensable para transportarlo. Sus orígenes se remontan a las antiguas culturas mesopotámicas, por lo que es un recipiente con una larga historia. El periodo de máximo esplendor del botijo fue entre los siglos XVII y XVIII y la gran producción del primer tercio del siglo XX. Con la llegada de electrodomésticos como el frigorífico, el uso del botijo como recipiente de conservación de agua decae, aunque se siguen manteniendo como elementos decorativos propios de muchas regiones de España.

2

La palabra *mate* deriva del quechua "mati", que significa "recipiente o vaso para beber". Actualmente, la palabra designa a la calabaza, en particular las variedades usadas para preparar y servir la infusión de hierba mate y, por extensión, otros tipos de recipientes construidos con los materiales más variados que se utilizan para lo mismo. "Mate" además designa a la infusión propiamente dicha. Para beber esta infusión se emplea la "bombilla", un objeto alargado de unos veinte centímetros de largo que primitivamente era de caña. Hoy en día también hay bombillas de plata, oro y otros metales.

notas

❸

La peineta es un objeto que sirve para elevar la mantilla con el fin de hacer más atractivo el rostro, aunque si es pequeña se puede utilizar sola. Los modelos característicos tenían formas redondas, cuadradas y rectangulares. Unas eran lisas y otras tenían dibujos artísticos. Antes eran de carey en diferentes tonalidades pero con la desaparición de las tortugas se empezaron a emplear materiales sintéticos.
Objetos parecidos a las peinetas se encuentran en los tocados femeninos ibéricos, aunque la peineta tal y como hoy la conocemos se empezó a usar en el siglo pasado.

❹

Existen dos tipos de boleadoras: las más sencillas, que se utilizan para cazar avestruces, están formadas por dos piedras redondas cubiertas de cuero y unidas por una cuerda delgada. Las otras tienen la única diferencia de que, en vez de dos piedras, están formadas por tres unidas por cuerdas a un centro común. El tamaño y el peso de las bolas es diferente dependiendo de para qué se vayan a usar. Se fabrican de madera para capturar animales sin herirlos o de hierro, que son las que alcanzan mayor distancia. La dificultad no consiste en lanzarlas a pie, lo difícil es hacerlo montando a caballo mientras se corre a galope o cambiando repentinamente de dirección.

2 a. Piensa en objetos típicos de tu país o de otros países que hayas visitado. Descríbelos por escrito.

b. En parejas, ponlo en común a ver si tu compañero adivina de qué objetos se trata.

Inter-acción

41

Ámbito 3 — unidad 6
Gramática

El Presente de Subjuntivo. Verbos irregulares

1. Verbos con modificación ortográfica:

- -GAR > -GUE-   PAGAR: pa**gue**, pa**gues**, pa**gue**, pa**guemos**, pa**guéis**, pa**guen**.
- -GER/-GIR > -JA-   CORREGIR: corri**ja**, corri**jas**, corri**ja**, corri**jamos**, corri**jáis**, corri**jan**.
- -GUIR > -GA-   SEGUIR: si**ga**, si**gas**, si**ga**, si**gamos**, si**gáis**, si**gan**.
- -CAR > -QUE-   ATACAR: ata**que**, ata**ques**, ata**que**, ata**quemos**, ata**quéis**, ata**quen**.
- -ZAR > -CE-   EMPEZAR: empie**ce**, empie**ces**, empie**ce**, empe**cemos**, empe**céis**, empie**cen**.

2. Verbos con cambio vocálico:

Se comportan igual que en Presente de Indicativo, cambia únicamente la desinencia.

- E > IE   PENSAR: p**ie**nse, p**ie**nses, p**ie**nse, pensemos, penséis, p**ie**nsen.
- O > UE   VOLVER: v**ue**lva, v**ue**lvas, v**ue**lva, volvamos, volváis, v**ue**lvan.
- E > I   SERVIR: s**i**rva, s**i**rvas, s**i**rva, s**i**rvamos, s**i**rváis, s**i**rvan.
- E > IE/I PREFERIR: pref**ie**ra, pref**ie**ras, pref**ie**ra, pref**i**ramos, pref**i**ráis, pref**ie**ran.

3. Verbos irregulares:

Se forman a partir de la 1ª persona del singular del Presente de Indicativo.

- **HACER:** *yo hago* > haga, hagas, haga, hagamos, hagáis, hagan.
- **PONER:** *yo pongo* > ponga, pongas, ponga, pongamos, pongáis, pongan.
- **SALIR:** *yo salgo* > salga, salgas, salga, salgamos, salgáis, salgan.
- **TENER:** *yo tengo* > tenga, tengas, tenga, tengamos, tengáis, tengan.
- **DECIR:** *yo digo* > diga, digas, diga, digamos, digáis, digan.
- **VENIR:** *yo vengo* > venga, vengas, venga, vengamos, vengáis, vengan.
- **CONDUCIR:** yo conduzco > conduzca, conduzcas, conduzca, conduzcamos, conduzcáis, conduzcan.

---

1 Escribe los Infinitivos de estos verbos.

- puedan **poder**
- traduzcamos _____
- crucéis _____
- pongan _____
- duerma _____
- hagan _____

- consigas _____
- cierren _____
- vengamos _____
- comiences _____
- aparquéis _____
- tengáis _____

- pidas _____
- persiga _____
- quieran _____
- digáis _____
- conozcan _____
- prefiramos _____

2 Sigue las series.

vencer, almorzar, convencer, abrazar · cocer, comenzar

cruce, crucen

notas

salir · poner · decir · hacer · venir → tenga ...

confieses / confeséis

querer · contar · doler · despertar · demostrar · entender · soñar

proteger · conseguir · fingir · extinguir · pegar → pague ...

3 a. Estos son algunos consejos útiles para participar en un concurso. Completa con el Presente de Subjuntivo en la persona "tú".

1. Es indispensable que **duermas** (dormir) al menos ocho horas el día anterior.
2. Es importante que _____ (hacer) unos ejercicios de respiración para relajarte.
3. Es indispensable que _____ (tener) todo ensayado para ir más seguro.
4. Es mejor que _____ (ir) con unos amigos para distraerte en el camino.
5. Es necesario que _____ (pensar) lo que vas a decir para no meter la pata.
6. Es importante que _____ (demostrar) lo que sabes.
7. Es mejor que no _____ (ponerte) triste, si pierdes, porque... ¡lo importante es participar!

b. Imagina que vas a participar en el concurso con un equipo. Transforma estas frases utilizando la persona "nosotros".

Es indispensable que durmamos al menos ocho horas el día anterior.

Gramática

El relativo que + Indicativo / Subjuntivo
Persona, objeto... conocido + **que** + *Indicativo*
Persona, objeto... desconocido + **que** + *Subjuntivo*

1 Relaciona:

a. ¿Tenéis los apuntes
b. Yolanda quiere unos pantalones
c. Hemos encontrado un sitio
d. Buscamos unos CD
e. Tengo unos tebeos
f. Quieren chicos entre 12 y 18
g. Busco un amigo
h. El otro día encontré el móvil

1. que tiene información para gente joven, *chat*, foros...
2. que dio la profesora de historia ayer?
3. que sea divertido, interesante, que le guste salir...
4. que sean muy pegadizos.
5. que había perdido Carolina.
6. que sean atractivos para un anuncio de ropa.
7. que son super divertidos, ¿te los presto?
8. que tengan muchos bolsillos.

2 Lee estos anuncios y transfórmalos.

Busco chico para compartir piso que sea simpático...

Buscamos

1. Chic@ para compartir piso: simpátic@, divertid@ y ordenad@. Estudiante.

2. Chic@ extranjer@ para intercambiar conversación. Comunicativ@, con buenos conocimientos de su lengua. Disponibilidad de tiempo.

3. Ordenador *pentium* 4 de segunda mano. A buen precio, con grabadora, altavoces, módem e impresora.

4. *Scooter* modelo *honda sky*. Buen estado, con pocos kilómetros, a buen precio. Preferiblemente colores metalizados, sin pegatinas.

Tenemos

1. Colección de tarjetas telefónicas de diferentes países de la Unión Europea y del mundo. Buenos precios y mucha variedad. Conéctate a nuestra página *web* www.postales.com

2. Libros de J. J. Tolkien. Casi nuevos. También libros de *Manolito gafotas*. Posibilidad de negociar precio. Tel.: 983 87 36 291.

3. Bicicleta de montaña. Color verde. Cubiertas de ruedas nuevas. En buen estado. Móvil: 667 12 345.

4. Chico español para intercambiar conversación. Idiomas: inglés y / o francés. Lunes y miércoles de 17:00 a 19:00. Móvil: 653 44 815.

Expresar hipótesis y probabilidad	
Futuro	
Seguramente / A lo mejor	+ Indicativo
Quizá(s) / Tal vez	+ Indicativo / Subjuntivo
Probablemente / Es probable que	+ Subjuntivo

1 Completa las siguientes frases con "a lo mejor" o "es probable que".

a. Si hoy llueve, **es probable que** no vayamos al campo.
b. ¡La profesora de inglés _____ hoy no viene a clase!
c. ¡Qué pena! _____ Luis no esté en Navidades.
d. Mónica dice que _____ todos participemos en la obra de teatro.
e. _____ Carolina te llama para quedar. ¿Te imaginas?
f. _____ aumente la temperatura en todo el planeta, si no hacemos algo.
g. El lunes _____ me apunto a natación. ¿Te animas?
h. En unos años _____ podamos ir de viaje a la Luna.

2 En el recreo
a. Observa las ilustraciones y haz hipótesis en tu cuaderno.

b. Completa con el tiempo adecuado del Indicativo o el Presente de Subjuntivo. ¡Atención! En un caso puedes utilizar los dos modos.

1. ¡Mira a Lola y a Quique, van de la mano.
   a. Seguramente _____ (ser) muy amigos.
   b. Es probable que _____ (estar) saliendo.

2. ¿A que no sabes? A Jorge le han comido un trozo de bocadillo y no sabe quién.
   a. ¡A lo mejor ayer _____ (comérselo) él y no se acuerda!
   b. Quizás ese no _____ (ser) su bocadillo.

3. ¡Mira! Cecilia está en el suelo y dos chicos se están riendo.
   a. _____ (estar) de broma, ¿no?
   b. Seguramente ellos la _____ (empujar).

4. ¡El *profe* de gimnasia está regañando a Nicolás y a Sergio! ¿Vamos a ver?
   a. A lo mejor _____ (romper) algún cristal con el balón, ¿no?
   b. Probablemente _____ (tener) una disputa por la tarjeta roja.

Gramática

Hacer hipótesis sobre el presente y el pasado

Futuro simple		El teléfono **estará** descolgado...
A lo mejor... Quizás... Tal vez...	Presente de Indicativo	**A lo mejor** el teléfono está descolgado...
Quizás... Tal vez...	Presente de Subjuntivo	**Quizás** el teléfono esté descolgado.

Futuro compuesto		**Habrán dejado** el teléfono descolgado...
A lo mejor... Quizás... Tal vez...	Pretérito Perfecto	**A lo mejor** han dejado el teléfono descolgado...
Quizás... Tal vez...	Perfecto de Subjuntivo	**Tal vez** hayan dejado el teléfono descolgado.

FUTURO COMPUESTO: Futuro del verbo HABER + *Participio*.
Habré hablado, habrás hablado, habrá hablado, habremos hablado, habréis hablado, habrán hablado.

PRETÉRITO PERFECTO DE SUBJUNTIVO: Presente de Subjuntivo del verbo HABER + *Participio*.
Haya sabido, hayas sabido, haya sabido, hayamos sabido, hayáis sabido, hayan sabi-

---

  a. Observa las ilustraciones y descríbelas.

b. Relaciona estas hipótesis con los hechos.

a. Tal vez se haya equivocado de puerta.
b. Estarán jugando.
c. Tal vez esta no sea su mesa.
d. Habrá entrado algún perro y se la habrá comido.
e. Quizás tiene miedo.
f. A lo mejor ha entrado a buscar a alguien.
g. Algún niño le habrá gastado una broma a la mascota.
h. A lo mejor el camarero la ha tirado a la papelera.
i. Será nuevo y no conoce el lugar.

1.
2.
3.

c. Indica si las hipótesis anteriores están relacionadas con el presente o con el pasado.

a. Pasado
b.
c.
d.
e.
f.
g.
h.
i.

Gramática

Unidad 6
Léxico
Ámbito 3

1 El móvil es uno de los inventos más importantes en comunicación.
a. Localiza el vocabulario.

antena
pantalla
teclas
micrófono
auricular
altavoz

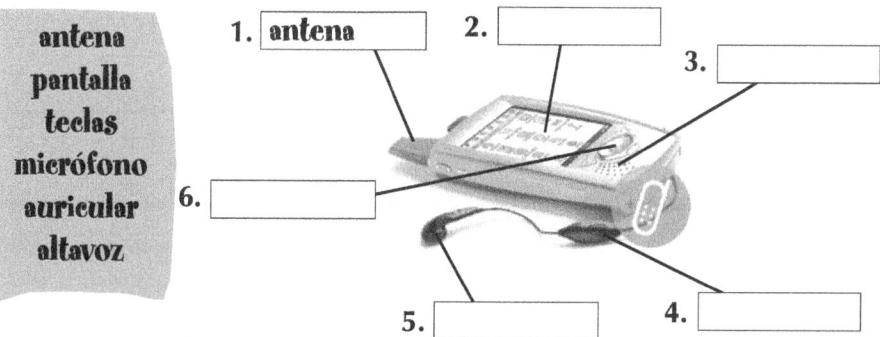

1. antena
2.
3.
4.
5.
6.

b. Este móvil puede hacer muchas operaciones: estas son sólo algunas. Completa con el verbo adecuado.

Recibir
Identificar
Avisar
Conectarte
Consultar
Jugar
Buscar
Anotar
Poner

1. Recibir mensajes.
2. _____ a Internet.
3. _____ tu agenda.
4. _____ un teléfono de un amigo.
5. _____ una llamada.
6. _____ de llamada en espera.
7. _____ en tu agenda una cita.
8. _____ la alarma.
9. _____ a videojuegos.

2 a. Estos son algunos logos para tu móvil. Relaciona la palabra con el logo.

o tortuga   teléfono
  avión   coche
  ciclismo   móvil
  dirigible   submarinismo
  oso   ratón
  esquí   tren
  videojuegos   caracol
  pez   fútbol
  natación
  perro

a.	b.	c.
d.	e.	f.
g.	h.	i.
j.	k.	l.
m.	n.	ñ.
o.	p.	q.

b. Clasifica el vocabulario.

ANIMALES	INVENTOS	DEPORTES

Léxico

Ámbito 3
Unidad 6
Con & Texto

1 ¿Sabes cuando fueron los últimos Mundiales de fútbol? ¿Dónde se celebraron? ¿Quién ganó la copa?

2 Lee esta página web.

Mundial de fútbol... de robots

Muy pronto, los aficionados al fútbol se podrían convertir en seguidores de equipos como el *Boca Robot*, el *Nacional Androides* o el *Deportivo Inteligencia Artificial*. No es broma. Tampoco es ciencia ficción: el próximo 4 de agosto, en Seattle, Estados Unidos, empezará la mayor competición de fútbol de todos los tiempos, en la que participarán más de 100 equipos divididos en cuatro categorías. Este torneo llega a su quinto año con la presencia de 23 países y se trata de la competición de robots más importante del mundo.

Ligas

La mayoría de los robots-jugadores se mueven sobre ruedas y utilizan una pala para controlar la pelota. La competición se ha dividido en ligas según el tamaño y la capacidad de las máquinas.

- En la liga de tamaño pequeño participan equipos formados por cinco autómatas de máximo 15 centímetros de diámetro y se juega en un campo de fútbol del tamaño de una mesa para *ping-pong*. En esta categoría se han presentado 21 equipos.
- La siguiente liga es para equipos de cuatro robots de hasta 50 centímetros de diámetro. Se juega en un campo de nueve metros por seis. Participan un total de 18 países.
- También compiten 16 equipos de robots de cuatro patas con tres jugadores por equipo.
- Por último, está la *liga virtual*, en la que equipos de 11 "agentes" o programas juegan en un campo virtual.

Independientemente de la liga, las reglas del juego son claras: los robots deben actuar independientemente de sus creadores humanos y deben decidir por sí mismos qué posición van a ocupar en el campo de juego y cómo van a golpear el balón. No se permite el uso de control remoto.

Inteligencia artificial

Además de por diversión, muchos investigadores participan en este mundial porque, al construir robots para jugar al fútbol, tienen que resolver problemas del mundo real, mejorar elementos de las máquinas y encontrar formas mejores para el trabajo en equipo de los robots. El objetivo es que para el 2050 se espera formar un equipo de robots capaces de vencer a los mejores jugadores de carne y hueso... ¿Será posible? ¿Te imaginas a tus ídolos perdiendo ante un equipo de máquinas?

Adaptado de news.bbc.co.uk/spanish/science

3 ¿Verdadero o falso?

a. Se va a celebrar en Seattle el cuarto Mundial de fútbol más grande del mundo.
b. Participarán 23 países de todo el mundo con equipos formados por robots y agentes (de 4 a 11).
c. Hay cuatro categorías diferentes: tres con equipos de robots y una con jugadores virtuales.
d. Los robots no son teledirigidos cuando juegan.
e. Los investigadores construyen los robots sin objetivos externos al juego.
f. En el 2050 los robots van a vencer a jugadores profesionales humanos.

Ámbito 3

unidad 6
Inter-acción

1 **a.** Imagina que estos objetos son tuyos. Relaciona las características con la ilustración.

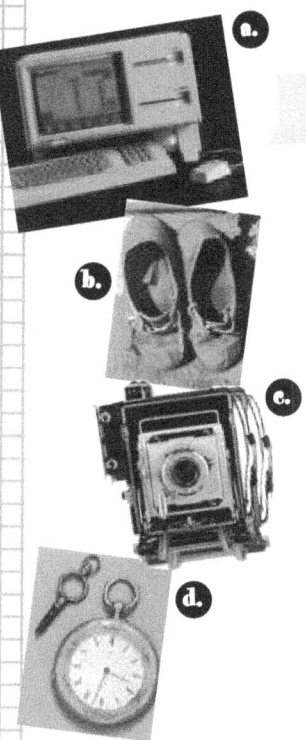
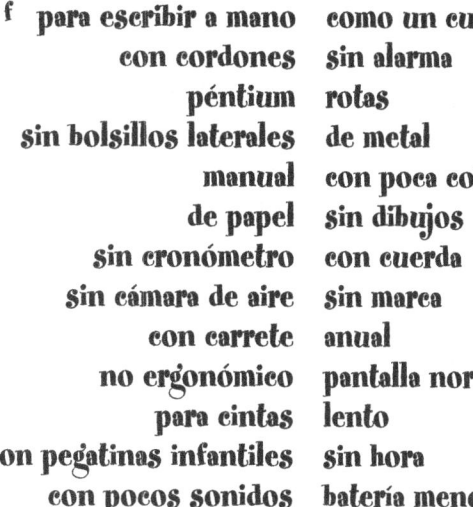

Tengo una agenda en la que se escribe a mano.

f para escribir a mano	como un cuaderno
con cordones	sin alarma
péntium	rotas
sin bolsillos laterales	de metal
manual	con poca cobertura
de papel	sin dibujos
sin cronómetro	con cuerda
sin cámara de aire	sin marca
con carrete	anual
no ergonómico	pantalla normal
para cintas	lento
con pegatinas infantiles	sin hora
con pocos sonidos	batería menos duradera

b. En realidad, buscas otros objetos. ¿Cómo son? ¿Qué características tienen?

Busco una agenda que sea electrónica.

c. Piensa en otras características que te parezcan importantes o indispensables y anótalas. Después, ponlo en común con tu compañero.

Es importante / indispensable / necesario / mejor que tenga un color bonito...

UN ORDENADOR
1.
2.
3.

UNA CÁMARA
1.
2.
3.

UNA MOCHILA
1.
2.
3.

UNAS ZAPATILLAS
1.
2.
3.

UN RELOJ
1.
2.
3.

UNA AGENDA
1.
2.
3.

UN MÓVIL
1.
2.
3.

Inter-acción

Unidad 7
Gramática

Oraciones temporales	
Cuando + *Presente de Indicativo + Presente de Indicativo*	Acciones habituales
Cuando + *Imperfecto, Perfecto, Indefinido*	Acciones pasadas
Cuando + *Presente de Subjuntivo + Futuro simple*	Acciones futuras

1 a. Relaciona.

1. Cuando tenga dinero,
2. Cuando llegamos al cine,
3. Cuando era pequeño,
4. Cuando hay un examen,
5. Cuando sea mayor,
6. Cuando Shakira venga a Barcelona,
7. Cuando nos vamos de vacaciones,
8. Cuando he llegado a clase,

a. mis padres me llevaban al zoo.
b. mi hermano siempre quiere parar para ir al baño.
c. nos ponemos muy nerviosos.
d. me compraré una mochila nueva preciosa.
e. iré a ver su concierto.
f. el profesor estaba pasando lista.
g. Alfonso y Paula ya habían entrado.
h. seré astronauta y viajaré a Marte.

b. Indica si las oraciones anteriores se refieren a acciones pasadas, acciones habituales o acciones futuras.

1. acción futura
2.
3.
4.
5.
6.
7.
8.

2 Completa con el tiempo y el modo adecuados.

a. Cuando **vayamos** (ir) a la playa, bucearemos y haremos *surf*.
b. Cuando me llega algún correo de Alicia, _____ (ponerse) muy contenta.
c. Cuando sea mi cumpleaños, _____ (invitar) a mis amigos a la bolera.
d. Cuando _____ (volver) a casa, no pudimos entrar: _____ (perdido) la llave.
e. Cuando tengo sueño, _____ (echarse) la siesta.
f. Cuando _____ (salir) de clase, iremos a jugar un partido.
g. Cuando _____ (ir) a la escuela, siempre tenía dos recreos.
h. Cuando sean las Olimpiadas, _____ (ver) todas las competiciones.
i. Cuando el profesor nos _____ (mandar) muchos deberes, nos enfadamos.
j. Cuando llegasteis a la fiesta, Cecilia ya _____ (soplar) las velas de la tarta.

3 Completa. Después, intercambia el cuaderno con tu compañero.

a. Cuando me levanto tarde, _____
b. Cuando terminen las clases, _____
c. Cuando estoy enfermo/a, _____
d. Cuando tenía cinco años, _____
e. Cuando me vaya de vacaciones, _____
f. Cuando tengo tiempo, _____
g. Cuando me guste alguien de clase, _____
h. Cuando tengo muchos deberes, _____

notas

Dar instrucciones y consejos

Aconsejar / decir / pedir... + *Presente de Subjuntivo*

Me **ha pedido** que le **preste** los apuntes.

Funcionan igual: recomendar, proponer, prohibir...

— Ya me han dado las notas
— Pues te aconsejo que se las des a tus padres después de las vacaciones

1 Completa estas instrucciones y consejos con el verbo adecuado.

TE PUEDE PASAR

Accidentes caseros ¡evítalos!

Te aconsejamos que _____ las ventanas, sobre todo si tienes hermanos pequeños: Superman todavía está de moda.

Te recomendamos que _____ los suelos mojados: para el patinaje artístico hay pistas especiales.

Te sugerimos que _____ los medicamentos: aunque no tengas hermanos. ¿Nunca has tenido que cuidar al niño travieso de la vecina?

evitar
guardar
cerrar

Accidentes deportivos ¡más vale prevenir que curar!

Te sugerimos que no _____ el precalentamiento, así evitarás tirones y... ¡quedar mal delante de otro/as chico/as!

Te aconsejamos que _____ un reconocimiento médico antes de empezar una actividad. Ya sabemos que eres joven, pero nunca se sabe.

Te recomendamos que _____ el material adecuado y lo _____ antes. ¿Te imaginas ir a la piscina con el bañador roto?

utilizar
olvidar
revisar
hacerte

Accidentes en la calle ¡es importante estar preparados!

Te aconsejamos que nunca _____ a los heridos: puedes empeorar la situación.

Si es un accidente de moto, te recordamos que no _____ el casco al herido.

Te sugerimos que no _____ a los heridos ni medicamentos, ni alimentos ni bebidas.

Cuando llegue el médico, te recomendamos que _____ de en medio: limítate a informarle y a no estorbarle.

quitarte
mover
dar
quitar

2 ¡El mundo esta lleno de consejos, instrucciones y recomendaciones!
Transforma las frases como en el ejemplo. Puedes usar "aconsejar", "pedir", "prohibir", "recomendar" o "proponer".

a. Desconecta tu móvil, por favor.   **Te piden que desconectes tu móvil.**

b. Deberías hacer más deporte.

c. No hables con el compañero.

d. Tienes que recoger tu habitación.

e. Tu ayuda es necesaria. Colabora.

f. Es bueno escribir un diario.

g. ¡Que aburrimiento! Vamos a dar una vuelta.

Gramática

Oraciones finales	
Para + *Subjuntivo*	Los verbos se refieren a personas y / u objetos diferentes.
Para + *Infinitivo*	Los verbos se refieren a la misma persona u objeto.

1 ¿Infinitivo o Subjuntivo? Selecciona el verbo y completa las siguientes frases con Infinitivo o "que" + Subjuntivo.

tener   salir   aprobar   viajar

enviar   practicar   hacer   proteger

a. Hago los deberes el viernes para no **hacer** nada en todo el fin de semana.
b. Mis padres han comprado un coche más grande para _____ todos más cómodos.
c. Participamos en la campaña para _____ a las tortugas, están en peligro de extinción.
d. Mi hermano deja la luz encendida por la noche para no _____ miedo.
e. Gloria cuida a sus hermanos para _____ sus padres.
f. Voy a clases de matemáticas durante el curso para _____ el examen final.
g. Mi instituto ha organizado un intercambio con chicos de Zaragoza para _____ español.
h. El correo electrónico sirve para _____ mensajes muy rápido.

2 Forma frases.

a. Yo ir al mercado / para nosotros no quedarnos sin comida el fin de semana
   Voy al mercado para que no nos quedemos sin comida el fin de semana.

b. Tú pasarme los apuntes / para yo poder estudiar el fin de semana

c. Yo buscar información sobre diferentes carreras / para yo decidirme

d. El profesor avisarnos del control / para nosotros estudiar

e. Nosotros organizar la cena / para tu madre no cocinar

f. Yo querer hacerle un regalo a Emilio / para yo demostrarle mi gratitud

g. Vosotros ir a clases de natación / para vosotros estar en forma

h. Mar y Ana comportarse bien / para sus padres dejarlas ir de viaje de fin de curso

notas

SER + adjetivo / adverbio	
Con Indicativo	**Con Subjuntivo**
Verdad: *Es verdad que no tenemos clase.* **Cierto:** *Es cierto que Ana no viene.* **Evidente:** *Es evidente que hoy no es tu día.* **Obvio:** *Es obvio que hace frío, es invierno.*	**Necesario:** *Es necesario que llegues pronto.* **Mejor:** *Es mejor que te dediques a tus cosas.* **Difícil:** *Es difícil que hoy tenga tiempo.* **Normal:** *Es normal que estés nervioso.* **Lógico:** *Es lógico que se lo digas antes.*

¡Atención! Cuando estas oraciones son impersonales no hay **que** y el verbo es un Infinitivo.
Es necesario divertirse el fin de semana.

1 Selecciona la opción adecuada.

a. **Es verdad** / Es mejor que los sábados no tenemos clases.
b. **Es cierto** / Es normal que Bea y Roberto no se hablen: el otro día se pelearon.
c. **Es evidente** / Es necesario que busquen a alguien para el grupo con buena voz.
d. Es difícil / Es obvio que en el mundo deje de haber hambre.
e. Es mejor / Es cierto que Ana no sepa la verdad, le va a doler.
f. Es cierto / **Es lógico** que Raquel no viene a ver el partido porque no se encuentra bien.
g. Es verdad / Es necesario que sepa informática para este trabajo.
h. Es evidente / Es normal que en vacaciones voy a descansar y a pasármelo bien.

2 Problemas mundiales
Completa los siguientes microdiálogos con el tiempo adecuado.

①

- ¿Es verdad que en un futuro la población mundial **se duplicará** (duplicarse)?
- ° Es normal que _____ (ser) así: cada vez hay más esperanzas de vida.
  Pues yo creo que es necesario que los países _____ (tomar) medidas.

②

- He leído que en la Tierra cada vez hay menos agua.
- ° Sí. Es verdad que las reservas de agua _____ (disminuir) poco a poco, habría que hacer algo.
  Tienes razón. Es mejor que los científicos _____ (ponerse) a investigar.

③

- Es lógico que dentro de 50 años todos _____ (tener) ordenador, ¿no? Es muy útil.
- ° Sí, pero también es verdad que _____ (depender) de él para todo, y eso no es bueno.
  ¿Te imaginas si saltan los sistemas? Será difícil que _____ (seguir) con nuestra vida normal, como si nada.

④

- Hay muchos alimentos transgenéticos.
- ° Claro, como la población aumenta muy rápido es normal que los científicos _____ (buscar) soluciones como estas para alimentar a tanta gente.
  Pero es mejor que los científicos _____ (investigar) cómo aprovechar mejor el suelo e _____ (inventar) máquinas mejores para la agricultura, ¿no?

⑤

- La contaminación aumenta cada vez más y nos afecta a todos.
- ° Sí, pero es difícil que _____ (desaparecer) si seguimos utilizando coches, si hay tantas fábricas…
  Bueno, pero es mejor que todos _____ (hacer) algo, ¿no? Así, al menos disminuirá.

Ámbito 4

Unidad 7
Léxico

1 a. Recuerda las profesiones. Escribe la palabra debajo de la ilustración.

b. Relaciona las frases con las profesiones.

L   Cuando se rompe una tubería, la arregla.
Cuando quieras cambiar de peinado... ¡hazle una visita!
Cuando te duele una muela, te la cura.
Cuando hay que ilustrar un libro, ella lo hace perfecto.
Cuando alguien se cae al agua y no sabe nadar, lo rescata.
Cuando tengas un problema con la luz, llámale.
Cuando hay fuego, lo apaga.
Cuando sea por la mañana, ve a comprarle pan.
Cuando tengas fiebre,... ¡tendrás que ir a hacerle una visita!
Cuando vas a clase, siempre te está esperando.
Cuando estás en el hospital, te cuida.
Cuando estás de vacaciones fuera de casa, él te prepara la comida.
Cuando quieras saber una noticia, él te la dirá.
Cuando hace falta un nuevo producto, él lo inventa.
Cuando no tienes aspirinas en casa, vas a su tienda a comprarlas.

2 a. Piensa en dos profesiones y descríbelas.

b. Lee las frases y tu compañero adivina la profesión.

notas

Léxico

54

Unidad 7
Con & Texto

1 ¿Conoces profesiones nuevas? Anótalas. ¿Por qué crees que han surgido?

2 Lee el siguiente texto.

NUEVAS PROFESIONES

Quizás estés pensando en ser profesor, enfermera, pintor, ingeniero... o quizás no tengas claro lo que quieres ser de mayor. De cualquier forma, te conviene informarte porque hay todo un mundo de nuevas posibilidades.

Profesiones de bienes culturales, espectáculos, arte y publicidad

La cultura ha pasado a ser en muy poco tiempo muy popular. Así, el número de profesiones se ha ampliado considerablemente. El arte y la moda crean nuevas actividades. La restauración de edificios, la explicación de museos y obras de arte o la organización de visitas culturales también van a dar lugar a nuevas profesiones. En este sector se agrupan, además, profesiones relacionadas con la publicidad y los medios de comunicación.

Algunos ejemplos: diseñador artístico, fotógrafo de moda, director creativo, realizador de TV, cámara, bibliotecario de obras antiguas, técnico en visitas a museos...

Profesiones del turismo y del tiempo libre

En una sociedad donde el tiempo libre y el turismo se han convertido en necesidades, la demanda de este grupo de profesiones está aumentando.

Organizar actividades en el tiempo libre y en los viajes turísticos requiere profesionales que gestionen, animen, comercialicen y traten con los clientes.

Algunos ejemplos: experto en turismo rural, animador urbano, azafata de congresos, promotor y vendedor de vacaciones...

Profesiones de la salud y los servicios sociales

Cada vez hay más especialización: ya hay médicos expertos en grupos concretos como los deportistas, o la gente mayor, o en nuevas enfermedades como las alergias o el estrés. La administración de los centros sanitarios o el análisis de las estadísticas de enfermedades también genera nuevas profesiones.

Los servicios sociales están pasando de ser actividades voluntarias a ocupaciones, ampliando el abanico de posibilidades.

Algunos ejemplos: médico homeópata, educadores de calle, técnicos de estadística sanitaria, auxiliares para cuidados a domicilio...

Profesiones del medio ambiente

La preocupación por el medio ambiente ha aumentado, tanto como el número de profesiones relacionadas con la protección, la recuperación, el mantenimiento, la vigilancia y la evaluación del impacto de la industria en el medio ambiente, en las aguas, en el aire y en los espacios naturales protegidos.

Algunos ejemplos: técnico forestal, guarda ecológico, naturalista, geoquímico ambiental, técnico de control del aire...

3 Según el texto, ¿estas profesiones a qué sector corresponden?

- educador de calle
- animador urbano
- auxiliar para cuidados a domicilio
- naturalista
- azafata de congresos
- médico homeópata
- guarda ecológico
- técnico en visitas a museos
- geoquímico ambiental

Ámbito 4 — unidad 7
Inter-acción

1

a. ¿Haces actividades extraescolares? ¿Cuáles? Indícalo.

Intercambiar conversación con chico/as extranjero/as.
Colaborar con alguna organización humanitaria.
Dar clases de informática.
Ir a algún taller artístico.
Visitar museos, ruinas o parques.
Participar en campañas ecológicas.
Otras:

b. ¿Para qué crees que sirven estas actividades? ¿Para que te podrían servir en un futuro?

Intercambiar conversación sirve para que otros chicos aprendan tu lengua, para que tú aprendas la suya... En un futuro, me podría servir para...

2 Estás visitando un museo con tu clase

a. Transforma estas frases en estilo directo utilizando Imperativos afirmativos y negativos, "tener + que...", "deberías + Infinitivo" o "poder + Infinitivo".

a. La profesora nos prohibe que toquemos los cuadros. **No toquéis los cuadros.**
b. Emilio le recomienda a Susana que vaya al baño al final de la visita.
c. Marcos le dice a Miguel que tome apuntes porque tienen que hacer un trabajo.
d. El vigilante les recuerda que no saquen fotos con *flash*.
e. La profesora le pide a Claudia que no hable mientras ella explica.
f. Carolina les aconseja a sus amigas que no se entretengan para no perderse.
g. Lucía y Paula le dicen a Juan que no se acerque tanto a las esculturas.
h. Juan les recomienda a Lucía y Paula que se metan en sus asuntos.

b. Para futuras excursiones tu profesor/-a te ha dado una lista con instrucciones y consejos. Transfórmalos utilizando "aconsejar", "recomendar", "pedir", "decir", "prohibir", "recordar"... ¿Se te ocurren otros consejos?

La profesora nos ha aconsejado que lleguemos puntuales a clase.

- Llegar puntuales a clase.
- Venir vestidos con ropa adecuada a la excursión.
- No olvidarse en casa el programa de la excursión.
- Respetar las reglas del lugar que vamos a visitar.
- Seguir el programa y no retrasarnos.
- Estar pendientes de nuestro/as compañero/as.
- Controlar nuestras cosas para no olvidar nada.
- No llevar las mochilas muy pesadas.
- No gritar en espacios cerrados.
- Estar atentos a las explicaciones.
- Otros:

Ámbito 4

Unidad 8

Gramática

Expresar deseos	
Querer + Infinitivo	Los verbos se refieren a la misma persona.
Querer + Subjuntivo	Los verbos se refieren a personas diferentes.

1 ¿Infinitivo o Subjuntivo? Completa las siguientes frases con Infinitivo o "que" + Subjuntivo.

a. Queremos **ir** (ir) a un campamento en Cádiz. ¿Te apuntas?
b. ¿Queréis _____ (salir) nosotros y vosotros _____ (quedarse) en casa?
c. ¡Anda! quiero _____ (saber) el día de tu cumpleaños. ¿Me lo dices?
d. Quiero _____ (preguntarle) a mi profesor si he aprobado o suspendido.
e. ¿Quieres _____ (preparar) nosotros la cena mientras tú pones la mesa?
f. Quiere _____ (regalarle) sus padres un chándal y sus abuelos unas zapatillas de deporte.
g. ¡Mamá, quiero _____ (irse) los primos para poder estudiar tranquilo!
h. Queríamos _____ (comprar) las entradas del concierto pero había una cola...

2 ¿Quién te puede ofrecer ayuda? Relaciona y explica por qué.

Quiero que mi padre me acompañe en coche porque la fiesta está lejos.

Vas a ir a una fiesta de disfraces...

- Mi amigo/a → a. Acompañarme con el coche a la fiesta.
  b. Coserme el traje.
- Mi padre
  c. Recogerme cuando termine la fiesta.
  d. Convencer a mis padres para llegar más tarde a casa.
- Mi madre
  e. Ayudarme a elegir un disfraz.
  f. Maquillarme.

Tienes que preparar un trabajo para la clase de ciencias...

° Mi profesor/a
  a. Explicarme mejor en qué consiste el trabajo.
  b. Buscar información en Internet.
° Mi compañero/a
  c. Llevarme al campo para recoger plantas.
  d. Decirme cómo lo tengo que presentar.
° Mis padres
  e. Hacer fotografías de las plantas.
  f. Redactar el trabajo.

Tienes que comprar los regalos de Navidad...

Mi hermano/a
  a. Envolver los paquetes con un papel de regalo.
  b. Ayudarme a decidir qué comprar.
Mi amigo/a
  c. Darme parte del dinero.
  d. Informarme del precio.
El / la dependiente/a
  e. Darme ideas originales.
  f. Decirme que le va a regalar a sus familiares.

Expresar esperanza y buenos deseos para el futuro.

Esperar que / Ojalá (que) / ¡Que + *Presente de Subjuntivo*

1 Completa estos microdiálogos con la frase adecuada.

¡Que tengas buen viaje!
¡Que cumplas muchos más!
¡Que te mejores!
¡Que duermas bien!
¡Que tengáis suerte!
¡Que os divirtáis!

- Mamá, buenas noches.
- Buenas noches, Miguelito. _____ **1**

- ¡Nos vamos de Carnaval! **2**
- _____

¡¡Feliz, feliz en tu día, que reine la paz en tu día y _____ !! **3**

- Salgo para Lisboa a las 10 de la mañana. ¿Vas a venir a despedirme?
- No, no voy a poder. _____ **4**

- No voy a poder quedar para estudiar. ¡Me encuentro fatal!
- Bueno, no te preocupes. _____ **5**

- Mañana jugamos la final contra el Instituto Gómez de la Serna. **6**
- _____

2 Completa las siguientes frases con el Presente de Subjuntivo.

a. Mañana voy a hacer la matrícula. Espero que no **haya** (haber) mucha gente.
b. ¡Ojalá que mañana _____ (hacer) buen tiempo y _____ (poder) irnos al campo!
c. Esperamos que a Ana le _____ (gustar) la sorpresa.
d. ¡Ojalá que _____ (aceptarme) en el grupo de teatro!
e. Si te echas la siesta... ¡Que _____ (dormir) bien!
f. Espero que Luis y María _____ (venir) pronto, si no, no vamos a tener entradas.
g. Aquí está su paella y... ¡que _____ (aprovechar)!
h. ¡Ojalá que la niña lo _____ (aprobar) todo! Así nos vamos a ir más tranquilos de vacaciones.

3 En el mundo hay muchos problemas. Formula buenos deseos.

Hambre en el mundo: **¡Ojalá que el hambre en el mundo desaparezca!**
Guerras: _____
Analfabetismo: _____
Trabajo infantil: _____
Contaminación: _____
Malos tratos a los animales: _____

Imperfecto de Subjuntivo

Se forma a partir de la 3ª persona del plural del Pretérito Indefinido:

Cantaron	cantara, cantaras, cantara, cantáramos, cantarais, cantaran.
Bebieron	bebiera, bebieras, bebiera, bebiéramos, bebierais, bebieran.
Partieron	partiera, partieras, partiera, partiéramos, partierais, partieran.

Cuando la 3ª persona del plural del Pretérito Indefinido es irregular, el Imperfecto de Subjuntivo también.

Ser / ir	fueron > fuera, fueras, fuera, fuéramos, fuerais, fueran.
Hacer	hicieron > hiciera, hicieras, hiciera, hiciéramos, hicierais, hicieran.

1 Relaciona.

Personas	Imperfecto Subjuntivo	Pretérito Indefinido	Infinitivo
	pensáramos	nací / nació	comer
(Yo)	jugaran	caminamos	jugar
	vivierais	pensamos	vivir
(Tú)	naciera	empecé / empezó	nacer
	comiéramos	reunimos	volver
(Usted, él, ella)	salieran	jugaron	caminar
	perdierais	perdisteis	salir
(Nosotros/as)	empezara	comimos	pensar
	reuniéramos	bailasteis	reunir
(Vosotros/as)	bailarais	vivisteis	bailar
	volvieran	volvieron	empezar
(Ustedes, ellos/as)	camináramos	salieron	perder

2 Busca en la sopa de letras los Imperfectos de Subjuntivo. Después, completa la tabla.

```
T U Z Ñ V A (S I G U I E R A N) C
H K E L I P X C I O S F D O U K
Y D E E R A M O S W Q F U H F B
A Ñ E Y H U B I E R A H R J U E
T U E E J I F O S U W K M O E J
R P E R K W C D G P Y I I A R L
A S E A I P K I P U D I E R A N
J F E Ñ T U V I E R A N R S M N
E S E Y H S B O J R S P A T O D
R P E X Z I H W L Z A S M K S A
A G E I J E R A N U D I O E D V
L O E Z L R O B C Ñ P M S Y G Z
S B E S I A V V I N I E R A I S
I N E H S N K A X D F F U Ñ H Y
V G E J A P Y S U P I E R A I S
Y S E J M G Y C J M H G U S I Z
```

Infinitivo
seguir

Imperfecto Subjuntivo
siguiera

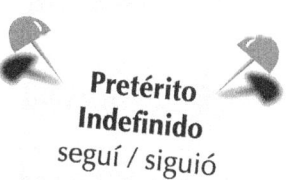

Pretérito Indefinido
seguí / siguió

Oraciones condicionales irreales

Cuando queremos presentar una condición como irreal en el presente o como muy difícil de realizar en el futuro utilizamos:

Si + *Imperfecto de Subjuntivo* + *Condicional*

Si hoy fuera domingo, no iría a clase.

1 Completa las siguientes frases con Imperfecto de Subjuntivo o con Condicional.

a. Si **tuviera** (tener) más tiempo libre, saldríamos más con los amigos.
b. Si a mis padres les tocara la lotería, _____ (dejar) de trabajar y _____ (estar) más en casa.
c. Si _____ (suspender) la química, me apuntaría a clases.
d. Si a mi hermano Sergio _____ (darle) permiso mis padres, se sacaría el carné de conducir.
e. Si _____ (saber) las preguntas del examen, nos las prepararíamos.
f. Si nos dieran las vacaciones antes, _____ (ponernos) muy contentos.
g. Si en el mundo las personas _____ (ponerse) de acuerdo de forma pacífica, habría menos conflictos.
h. Si Amelia y Laura _____ (ser) amigas, podríamos salir todos juntos.
i. Si mi amigo me pidiera dinero prestado, yo _____ (dárselo).
j. Si nuestro profesor _____ (querer), nos dejaría salir antes al recreo.

2 a. Completa el principio de estas frases con una de las opciones propuestas.

- conocer a Cristóbal Colón
- ser astronauta
- estar un año sin clase
- aprobar todo
- existir una máquina del tiempo
- ser rico
- ganar una medalla en las Olimpiadas
- descubrir una vacuna contra el cáncer

a. **Si estuviera un año sin clases,** saldría todos los días con mis amigos.
b. _____, viviría unos meses en la corte de los Reyes Católicos.
c. _____, le preguntaría todo sobre sus viajes.
d. _____, muchas personas se salvarían.
e. _____, saldría en todas las televisiones del mundo.
f. _____, iría a explorar el espacio.
g. _____, no trabajaría nunca y me dedicaría a viajar.
h. _____, mis padres me harían un buen regalo.

b. ¿Y tú qué harías si te pasaran estas cosas?

a. **Si estuviera un año sin clases,**
b. _____
c. _____
d. _____
e. _____
f. _____
g. _____
h. _____

Gramática

Ámbito 4

Unidad 8
Léxico

1 a. ¿Cómo funciona la enseñanza en España? Relaciona cada componente del esquema con su información.

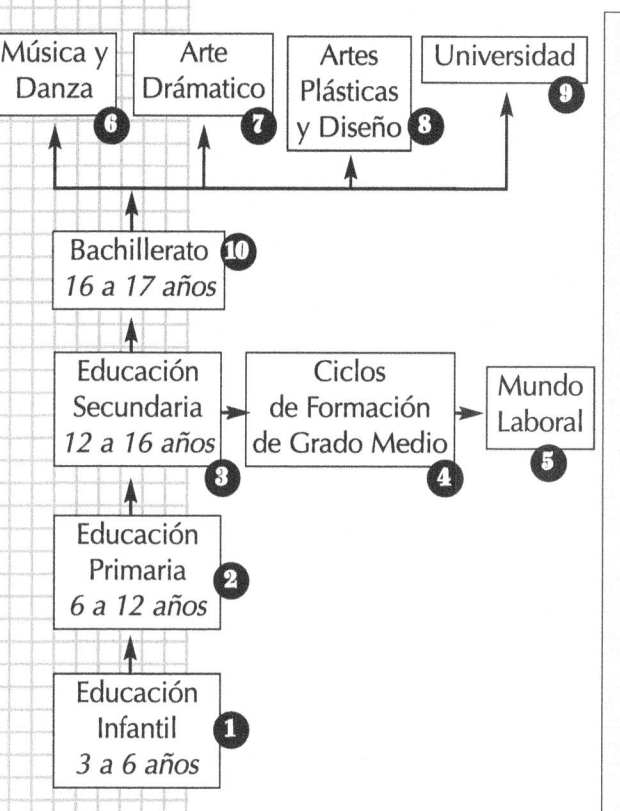

10 Es voluntario. Va de los 16 a los 18 años. Te da una formación general, te prepara para estudios posteriores y también para el mundo laboral.

Es voluntario pero tienes que pasar unas pruebas. Te da la formación necesaria para ser escultor, pintor...

Es voluntario pero las facultades tienen número restringido. Te ofrece muchas carreras: Veterinaria, Ingeniería, Arquitectura, Derecho...

Es obligatoria. Va de los 12 a los 16 años. Te da la formación necesaria para que puedas acceder al Bachillerato, a los módulos de Formación Profesional y al mundo laboral.

Es voluntario pero tienes que pasar unas pruebas. Te da la formación necesaria para bailar, tocar instrumentos, dirigir orquestas...

Es obligatoria. Va de los 6 años a los 12 años. Se divide en tres ciclos.

Es voluntario. Dura de 1 a 2 cursos académicos. Te dan la titulación de técnico en diferentes especialidades como: jardinería, secretariado, cocina, peluquería...

Es voluntario pero tienes que pasar unas pruebas. Te prepara para dirigir, montar escenografías, actuar...

Es voluntario. Dura hasta los 6 años.

b. Estos chicos, ¿qué estudios crees que deben hacer para llegar a ser lo que quieren?

c. ¿Y tú? ¿A qué te quieres dedicar? ¿Qué estudios tendrías que hacer?

Léxico

Ámbito 4
Unidad 8
Con & Texto

1 Imagina que tienes que decidir qué quieres ser de mayor. ¿Qué pasos seguirías? Anótalos.

2 Ahora, lee el siguiente artículo.

Elegir una profesión o una carrera es una decisión importante en tu vida. Por eso, debes elegirla de acuerdo con tus gustos, tus habilidades y la realidad que te rodea. Para ponerte las cosas más fáciles, te damos algunos consejos y pasos a seguir.

Intereses: primer paso
Es fundamental que pienses en lo que realmente te gusta y te interesa. Preguntas como "¿cuáles son mis actividades favoritas?", "¿de qué me gusta hablar?", "¿qué hago en mi tiempo libre?" te ayudarán a identificar tus preferencias.

Capacidades: segundo paso
De igual manera, es necesario que explores tus habilidades. Una buena fórmula es preguntarse: "¿en qué actividades me siento más capaz?", "¿cuáles me resultan más fáciles de hacer?", "¿en qué cursos he obtenido mejores resultados?". Con estas preguntas identificarás tus habilidades.

De la personalidad a las profesiones: tercer paso
Cuando tengas claros tus intereses y capacidades, entonces podrás empezar a buscar las carreras o estudios que más se acerquen a ellos. Haz una primera selección.

Información: cuarto paso
Ha llegado el momento de ponerse manos a la obra y buscar toda la información que puedas sobre el grupo de estudios y / o carreras que habías seleccionado. Infórmate sobre el lugar, la duración, el precio, el tipo de asignaturas, la salida laboral, etc.

Modas: quinto paso
Tú tienes que elegir. Por supuesto debes escuchar sugerencias y pedir ayuda, pero no es conveniente elegir por lo que alguien nos indica. Así, lo más aconsejable es dirigirte a los centros de estudios, contactar con gente que ya esté cursando la carrera que has seleccionado, o bien hablar con profesionales que ya estén trabajando.

La decisión: último paso
Finalmente, debes tomar una decisión. Si es posible, en esta última etapa, escribe en un papel toda la información que tienes (preferencias, datos, estudios, consejos...) para que no se te olvide nada.

Adaptado de http://data.terra.com.pe/decideya/Profesion

3 Según el texto, ¿qué pasos tienes que seguir para decidir tu futura profesión? Ordénalos.

    Elige una o varias carreras y / o profesiones que se ajusten a tus gustos y habilidades.
    Acércate a personas que tienen una experiencia directa en la carrera y / o profesión que has elegido.
1   Examina tus gustos.
    Selecciona la carrera o profesión a la que te quieres dedicar.
    Averigua cuantos más datos mejor sobre la carrera y / o profesión que has seleccionado.
    Indaga sobre las aptitudes que posees.

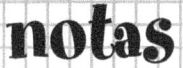

unidad 8
Inter-acción

1 a. ¿Has pensado en lo que quieres ser de mayor? Escribe la/s profesión/es.

b. Haz una lista de tus intereses y una lista de tus habilidades.

c. Intercambia el cuaderno con tu compañero y analiza sus intereses y sus habilidades. ¿Crees que ha elegido bien las profesiones? Prepara un informe.

> Mi compañero muestra un gran interés por...
> Sus habilidades...
> Quiere ser....
> Yo creo que podría dedicarse a...

2 a. Si te dedicas a alguna de estas profesiones, ¿qué harías? Relaciona y formula frases.

> Si fuera enfermera, pondría vacunas.

a. Enfermero/a	a. Hacer muchos entrenamientos.
	b. Estudiar las nuevas leyes.
b. Abogado/a	c. Jugar partidos.
	d. Poner multas.
c. Peluquero/a	e. Poner vacunas.
	f. Defender a los acusados.
d. Policía	g. Cortar el pelo.
	h. Aprender de memoria el papel.
e. Tenista	i. Patrullar por la noche.
	j. Actuar.
f. Actor / actriz	k. Hacer guardias.
	l. Estar muchas horas de pie.

b. ¿Se te ocurren más actividades? Escribe dos por profesión.

> Si fuera enfermera, tomaría la tensión.

3 Imagina lo que vas a ser de mayor. ¿Qué actividades vas a hacer? Escríbelas y señala las ventajas (+) y los inconvenientes (-). Después, intercambia impresiones con tu compañero.

> Si fuera astronauta...

Inter-acción